세례를 위한
소요리문답

— 9주 교육 —

세례를 위한
소요리문답 — 9주 교육 —

찍 은 날 2025년 4월 10일
펴 낸 날 2025년 4월 15일
지 은 이 장상태
펴 낸 이 장상태
펴 낸 곳 디다스코
　　　　　　경기도 파주시 와석순환로 87, 205호
이 메 일 jangsstt@naver.com
등　　록 2007년 4월 19일
신고번호 제2007-000076호
Copyright@디다스코
ISBN 979-11-89397-12-8 (93230)
값은 표지에 있습니다.

세례를 위한 소요리문답

— 9주 교육 —

장상태 지음

학습, 입교, 세례를 위한 웨스트민스터 소요리문답 9주 교육

초대교회에서 세례식은 교회의 연중 가장 큰 행사였다.
이날은 교회의 가장 큰 축제의 날이었다.
세례를 받을 이들은 이날만을 기다리며 2–3년을 준비했다.
부활절 새벽에 드디어 세례를 받고,
성도라는 이름으로 교회에서 처음으로 불리기 시작할 때
이들이 체험하는 은혜는 이루 말할 수 없는 것이었다.(정두성 교수)

디다스코

1. 오늘날 한국교회의 현실과 세례 교육의 위치

현재 한국교회가 일 년 중 가장 중요하게 생각하고 준비하는 행사는 무엇일까요? 일 년에 한두 번 열리는 '총동원 전도주일'일 수도 있고, '특별 새벽기도회'일 수도 있습니다. 오늘날 많은 한국교회가 질적 성장보다 양적 성장을 더 중요한 가치로 여기기 때문에, 대부분의 교회 행사는 양적 성장 중심으로 기획되고 있습니다.

2. 초대교회에서의 세례의 의미와 엄격함

그러나 초대교회에서 가장 중요한 연중 행사는 세례식이었습니다. 당시 그리스도인이 된다는 것은 생명을 걸어야 할 결단이었습니다. 세례를 받기 위해서는 사회적 단절과 경제적 불이익을 감수하는 숭고한 결단이 필요했습니다. 이러한 이유로 교회는 세례를 받기로 결심한 신자를 2~3년에 걸쳐 준비시켰습니다. 세례 준비자는 예배에 참석할 수는 있었지만, 정식 교인으로 인정받지는 못했습니다. 그들은 엄격한 교리 교육과 삶의 검증을 통해 참된 신자로 인정받았고, 하나님에 대한 바른 지식뿐 아니라 삶의 열매가 요구되었습니다. 이전의 이교적 습관이나 죄악된 행실을 회개하고, 거룩한 삶을 향한 분명한 결단이 있어야 했습니다. 이런 오랜 교육과 평가 과정을 거쳐 비로소 세례에 참여할 수 있었으며, 세례식은 교회 공동체의 정식 회원이 되는 가장 영광스러운 신앙의 절정이었습니다.

3. 현대 교회 세례 교육의 현실과 한계

오늘날 한국교회의 세례식은 초대교회와는 큰 차이가 있습니다. 대부분의 교회는 양적 성장을 목표로 세례 교육을 간소화하는 경향이 있으며, 새로운 교인은 비교적 간단한 입문 교육을 통해 쉽게 정회원이 됩니다. 보통 4주간의 간단한 교육으로 세례를 준비하게 되며, 이러한 흐름 속에서 정식 교인이 되는 데 큰 부담은 없지만, 신앙 교육의 깊이와 변화는 상대적으로 약화되고 있습니다. 이러한 느슨한 교육의 분위기는 한국교회의 양적 성장에는 도움이 되었을 수 있으나, 질적 성숙에 있어서는 큰 아쉬움을 남기게 되었습니다.

4. 세례 교육이 간소화되는 현실

세례 교육의 시간도 매우 짧습니다. 짧게는 주 30분, 길어야 4회에 걸쳐 교육이 이루어지는 경우가 대부분입니다. 엄격하고 깊이 있는 교육은 새신자에게 부담을 줄 수 있다는 이유로 점점 단축되고 간소화되는 추세입니다. 하지만 이로 인해 세례의 의미와 신앙의 깊이는 자칫 형식적인 절차로 전락할 위험이 있습니다.

5. 교재 집필의 배경과 의도

이러한 현실 앞에서, '바른 세례 교육을 회복할 수 있는 방법은 무엇인가' 하는 질문을 오랜 시간 붙들었습니다. 그 고민 끝에, 웨스트민스터 소요리문답을 바탕으로 한 9주간의 세례 교육 교재를 집필하게 되었습니다. 물론, 이 교재가 초대교회의 교육처럼 엄격하고 완전한 수준에는 미치지 못합니다. 그러나 최소한 반드시 알아야 할 교리적 기초는 꼭 가르쳐야 한다는 책임감으로 준비했습니다.

6. 집필 과정과 감사의 마음

이 교재의 초고는 명순구 목사님께서 집필해 주셨고, 그 초고를 바탕으로 제가 약 1년간 수정과 보완을 거쳐 이 책을 완성했습니다. 이 책은 세례를 위한 교리적 기반을 제공하고자 하는 마음으로 쓰였지만, 아직도 부족한 점이 많습니다. 세례 교육의 중요성을 깊이 아시는 목회자님들께서 이 책의 부족함을 채워주시길 부탁드립니다. 이 작은 책을 통해 한국교회가 바른 신앙 위에 세워지고, 신앙 고백과 삶의 열매가 함께하는 성도들이 이 땅에서 빛과 소금의 사명을 감당하기를 진심으로 기도합니다.

7. 마무리 인사 및 출처 표기
이 책에서 사용된 소요리문답은 성약출판사의 허락을 받아 사용하였고, 성경 구절은 개역한글판을 기준으로 인용하였습니다.

8. 헌사
끝으로, 이 책의 저술을 시작해 주신 명순구 목사님께 깊은 감사를 드립니다. 목사님이 아니셨다면 세례 교재는 시작될 수 없었을 것입니다. 그리고 항상 보이지 않는 곳에서 응원과 기도로 함께해 준 사랑하는 아내 장은정, 그리고 하나님께서 제게 주신 가장 큰 선물, 아들 장하준에게도 감사를 전합니다.

2025년 파주에서 장상태 목사 드림

목차

부록

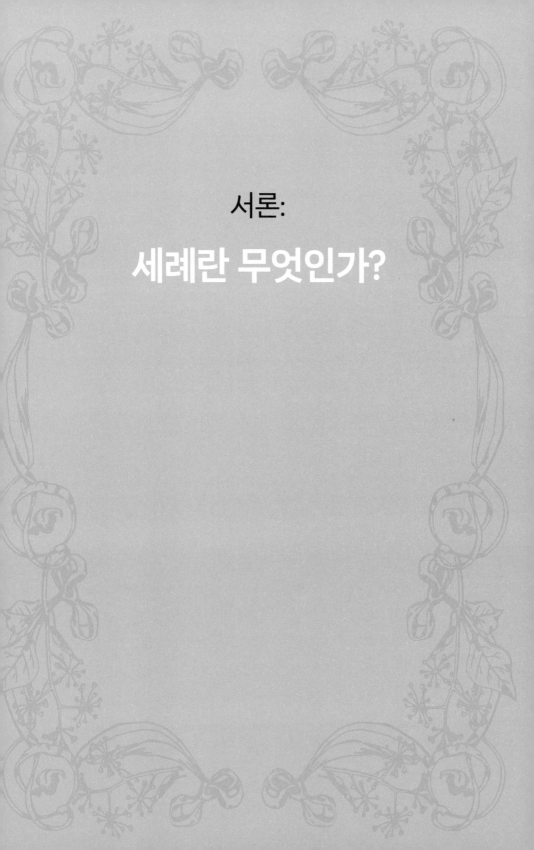

서론:

세례란 무엇인가?

세례란 무엇인가요?

세례(洗禮)는 물로 씻는 예식이라는 뜻입니다. 세례에서 물을 사용하는 이유는 물이 더러운 것을 씻고 깨끗하게 하는 정결을 상징하기 때문입니다.(출 30:18, 19) 그래서 신약시대 세례에서 사용된 물은 예수님의 피를 나타냅니다.(행 8:38, 고전 10:2) 세례는 우리의 모든 죄를 예수님의 피로 씻고 용서를 받았다는 것을 보여 주는 거룩한 예식으로 성부와 성자와 성령의 이름으로 시행됩니다.(마 28:19, 히 9:13-14 요일 1:77, 계 1:5) 세례는 우리의 모든 죄를 용서받고, 타락한 본성이 하나님을 사랑하는 마음으로 새롭게 거듭나서 옛 사람은 죽고 그리스도와 연합하여 새 사람이 되었다는 것을 확증하고 표시하는 예식입니다.(롬 6:4) 세례는 성찬식과 더불어 기독교에서 행하는 성례 중의 하나로서 '눈에 보이는 말씀'이라고도 하며, 세례를 받는 사람과 참여하는 사람들에게 구원의 은혜 안에 살게 되었다는 것을 확인시켜 줍니다.

웨스트민스터 대교리문답

문 165. 세례란 무엇인가?

답: 세례는 그리스도께서 성부와 성자와 성령의 이름으로 제정하신 물로 씻는 신약의 성례이다.(1) 이것은 그리스도 자신에게 접붙여지고,(2) 그의 피로 죄 사함을 받고,(3) 그의 영으로 거듭나고,(4) 양자가 되어,(5) 영생에 이르는 부활의 표시와 인침이다.(6) 이로써 세례 받은 당사자들은 보이는 교회에 엄숙하게 받아들여지고,(7) 전적으로 오직 주님께만 속한 사람이 되겠다는 공개적이며 고백적인 약속을 맺는다.(8)

(1) 마 28:19 (2) 갈 3:27 (3) 막 1:4; 계 1:5 (4) 딛 3:5; 엡 5:26 (5) 갈

3:26, 27 (6) 고전 15:29; 롬 6:5 (7) 고전 12:13 (8) 롬 6:4

웨스트민스터 신앙고백서 28장 1항

1. 세례는 예수 그리스도께서 제정하신 신약의 성례이다.⁽¹⁾ 그것은 세례
   받는 자를 보이는 교회에 엄숙하게 가입시키기 위한 것뿐만이 아니라,⁽²⁾
   그에게 은혜언약,⁽³⁾ 그리스도에게 접붙임,⁽⁴⁾ 중생,⁽⁵⁾ 죄 사함,⁽⁶⁾ 그리고
   새 생명 가운데서 행하게 하기 위해,⁽⁷⁾ 예수 그리스도를 통해 자신을 하
   나님께 드리는 표시와 인침이 되게 한다. 이 성례는 그리스도 자신이
   제정하신 것이기 때문에 세상 끝날까지 그의 교회 안에서 지속되어야
   한다.⁽⁸⁾

   (1) 마 28:19 (2) 고전 12:13 (3) 롬 4:11; 골 2:11, 12 (4) 갈 3:27; 롬 6:5
   (5) 딛 3:5 (6) 막 1:4 (7) 롬 6:3, 4 (8) 마 28:19, 20

하이델베르크 요리문답

70문: 그리스도의 피와 성령으로 씻겨진다는 것은 무슨 뜻입니까?

답: 그리스도의 피로 씻겨짐은 십자가의 제사에서 우리를 위해 흘린 그리
스도의 피로 말미암아 은혜로 우리가 하나님께 죄 사함 받았음을 뜻합니
다.⁽¹⁾ 성령으로 씻겨짐은 우리가 성령으로 새롭게 되고 그리스도의 지체
肢體로 거룩하게 되어, 점점 더 죄에 대하여 죽고 거룩하고 흠이 없는 삶
을 사는 것을 의미합니다.⁽²⁾

(1) 겔 36:25; 슥 13:1; 엡 1:7; 히 12:24; 벧전 1:2; 계 1:5; 7:14
(2) 겔 36:26-27; 요 1:33; 3:5; 롬 6:4; 고전 6:11; 12:13; 골 2:11-12

왜 세례를 받아야 하나요?

세례는 교회의 정식회원으로 인정되는 중요한 예식입니다. 예수님께서 모범을 보여주셨고, 친히 명하셨습니다.(마 3:13, 28:19) 내가 예수님을 진심으로 믿고 있다는 사실을 전체 성도들 앞에서 공식적으로 확인하고 표시하는 의식으로 세례를 받습니다.(행 18:8) 세례식은 목사님을 통해서 모든 성도가 모인 가운데서 시행됩니다. 세례를 받으면 우리가 예수 그리스도와 연합하게 되고, 하나님께서 약속하신 은혜 언약의 모든 유익에 참여하게 됩니다. 세례는 주님의 소유가 된다는 약속의 확실함을 표시합니다. 그래서 구약시대는 할례 의식으로 공식적인 하나님의 백성이 될 수 있었고(창 17:7, 9-11), 신약 시대는 세례를 받아야 공식적인 하나님의 백성이 될 수 있었습니다.(고전 12:13, 갈 3:27) 예수님을 진실하게 영접한 사람은 교회의 정식 회원이 되기 위한 외적인 표시이기 때문에 세례를 받아야 합니다.

하이델베르크 요리문답

73문. 그러면 왜 성령께서는 세례를 "중생의 씻음"과 "죄를 씻음"이라 하셨습니까?

답: 하나님께서 그렇게 말씀하신 데에는 중요한 이유가 있습니다. 하나님께서는 몸의 더러운 것이 물로 씻겨지듯이 우리의 죄가 그리스도의 피와 성령으로 없어짐을 우리에게 가르치려 하셨습니다.(1) 더 나아가서 우리의 죄가 영적으로 씻겨지는 것이 우리의 몸이 물로 씻겨지는 것처럼 매우 실제적임을 이러한 신적神的 약속과 표로써 우리에게 확신시키려 하셨습니다.(2)

(1) 고전 6:11; 요일 3:5; 5:6-8; 계 1:5; 7:14 (2) 막 16:16; 행 2:38; 갈 3:27

세례식에서 물을 사용하는 방법은 몇 가지인가요?

세 가지 방법이 있습니다. 첫째, 몸을 물에 담그는 침수의 방법이 있습니다. 주로 신약 시대와 초대 교회에서 사용된 방법으로 지금은 침례 교단이 세례식 때 침례로 세례를 줍니다. 둘째, 손이나 용기를 이용해서 물을 머리에 붓는 관수의 방법이 있습니다. 주로 천주교에서 사용하는 예식 방법입니다. 셋째, 손으로 물방울을 묻히는 적수의 방법으로 장로교나 감리교 등에서 사용하고 있습니다. 관수와 적수의 방법은 13세기 이후에 교회의 결정에 따라 보편화되었습니다. 이 세 가지 방법 중에서 무엇이 성경적이냐에 대해서 종교 개혁 당시에 논쟁이 있었습니다. 세례의 중요한 두 가지 의미였던, "중생"과 "죄 사함" 중에서 침례 교단은 "중생"을 극적으로 드러낼 수 있는 침수의 방법을 강조했습니다. 개혁파 교회는 "죄 사함"에 더 큰 의미를 두었기 때문에 세 가지 방법을 모두 존중했습니다. 칼뱅은 기독교강요 4권 15장 19항에서 세례의 방법을 다양한 환경에 따라서 여러 방법을 채택할 수 있다고 말했습니다. 성경에서도 정결 예식의 방법이 다양했습니다.(민 8:7, 19:13, 18-20; 시 51:7, 겔 36:25; 히 9:10) 세례를 뜻하는 헬라어 '밥티조' 또는 '밥토'가 사용된 용례를 보면 꼭 물속에 잠긴 경우만 사용되지 않습니다. 지금은 장로교에 속한 교단들은 간략한 방법인 '적수'를 채택하여 시행하고 있습니다.

웨스트민스터 신앙고백서 28장 3항

3. 세례 받는 자를 물속에 담그는 것이 꼭 필요한 것은 아니고, 세례 받는 자의 머리에 물을 붓든지 뿌림으로써 세례를 올바르게 시행할 수 있다.(1)

(1) 히 9:10, 19-22; 행 2:41, 16:33; 막 7:4

믿음 없이 세례를 받아도 구원의 효력이 있나요?

 세례에 참여할 때 예수 그리스도에 대한 믿음이 없이 육체만 참여할 때 구원의 효력은 없습니다. 믿음으로 세례를 받는 자들에게만 효력이 있습니다. (막 16:16) 구약 시대의 세례라고 할 수 있는 할례도 이와 같았습니다. 유대인들은 세례에 해당하는 할례를 받았지만, 믿음 없이 할례를 받은 자들에게 어떠한 구원의 효력이나 유익은 없었습니다. 로마서 2장 29절에서 말씀합니다. "오직 이면적 유대인이 유대인이며 할례는 마음에 할찌니 신령에 있고 의문에 있지 아니한 것이라." 세례는 예수 그리스도를 전심으로 믿고, 자신의 모든 죄가 예수 그리스도의 보혈로 용서받았다는 진리를 확신하고, 말씀에 순종하겠다는 다짐과 순종의 증거가 있을 때 받을 수 있습니다. (행 8:36) 이러한 마음과 순종은 사람의 능력이 아니라, 성령님의 깨닫게 하시는 은혜로 됩니다. (요 6:63) 믿음으로 세례를 받을 때, 은혜 언약의 유익에 참여 할 수 있고 예수 그리스도와 연합하여 주님의 것이라는 표시와 인침을 받게 됩니다.

하이델베르크 요리문답

72문: 세례의 물로 씻음이 곧 죄 씻음 자체입니까?

답: 아닙니다. (1) 오직 예수 그리스도의 피와 성령만이 우리를 모든 죄에서 깨끗하게 합니다. (2)

(1) 마 3:11; 엡 5:26; 벧전 3:21 (2) 고전 6:11; 요일 1:7

웨스트민스터 대교리문답

문 166. 누구에게 세례를 베풀어야 하는가?

답: 세례는 그리스도를 믿는 믿음과 그에 대한 순종을 고백할 때 베풀 수 있

다. 따라서 아직 유형교회 밖에 있어 약속의 언약에 외인이 된 자들에게는 그 누구에게도 세례를 베풀어서는 안 된다. (1) 그러나 그리스도를 믿는 신앙과 그를 향한 순종을 고백하는 양편 또는 한편 부모에게서 태어난 유아들에게는 그런 면에서 언약 안에 있으므로 세례를 베풀 수 있다. (2)

(1) 행 8:36, 37, 2:38 (2) 창 17:7, 9; 갈 3:9, 14; 골 2:11, 12; 행 2:38, 39; 롬 4:11, 12; 고전 7:14; 마 28:19; 눅 18:15, 16; 롬 11:16

 ## 세례를 받은 후 어떻게 살아야 하나요?

 이제 세례를 받은 성도는 그리스도와 연합되어 새 생명을 얻게 되었습니다. (요 15:5, 롬 11:17) 하나님께서 자녀에게 주시기로 약속한 모든 복과 은혜를 누릴 수 있게 됩니다. (고전 12:13, 갈 3:27) 옛 사람에 대해서 죽고 새 사람으로서 그리스도의 부활하신 생명에 참여하여 살게 됩니다. (롬 6:4) 그래서 삼위일체 하나님께서 하나이듯이 세례를 받은 성도는 교회의 지체로 하나가 되어 한 몸으로 자라가는 데 힘을 써야 합니다. (롬 17:21) 또한 그리스도를 위해서 살며, 그리스도의 말씀에 순종하고, 교회의 지체들과 거룩한 교제 안에서 사랑해야 합니다. (빌 1:21, 고전 12:13) 믿음 안에서 그리스의 장성한 분량에 이르기에 힘써야 합니다. (갈 3:27, 엡 4:13-16)

웨스트민스터 대교리문답

문 167. 우리는 세례를 어떻게 잘 증진할 수 있는가?

답: 꼭 필요하면서도 대단히 무시된 세례를 증진시킬 의무는 우리가 평생

에 행해야 할 것이다. 이 의무는 특별히 시험을 당할 때와 다른 사람들이 세례 받고 있는 자리에 참석했을 때,(1) 세례의 본질과 그리스도께서 그것을 제정하신 목적과 세례에 의해 우리에게 주어지고 보증된 특권과 혜택과 그것에서 행한 엄숙한 서약 등을 신중히 그리고 감사히 생각함으로써 해야 한다.(2) 또한 우리 죄악의 더러움과 세례의 은혜와 우리 맹세의 미진함 또는 역행하는 것 때문에 겸손함으로써 하고,(3) 그 성례 안에서 우리에게 보증된 죄 사함과 다른 모든 행복에 대한 확신에 이르기까지 성숙함으로써 해야 한다.(4) 그리고 그리스도와 합하여 세례를 받은 우리는 죄를 죽이고 은혜를 소생시키기 위해서 그의 죽음과 부활로부터 힘을 얻음으로써 행하고,(5) 믿음으로 살기를 힘쓰며,(6) 그리스도께 자신의 이름들을 바친 자들로서(7) 거룩함과 의로움으로 성도의 교제를 하고,(8) 같은 성령으로 세례를 받아 한 몸을 이룬 자들로서 형제의 사랑으로 행하기를 노력함으로써 해야 한다.(9)

(1) 골 2:11, 12 (2) 롬 6:4, 6, 11, 6:3-5 (3) 고전 1:11-13; 롬 6:2, 3 (4) 롬 4:11, 12; 벧전 3:21 (5) 롬 6:3-5 (6) 갈 3:26, 27 (7) 행 2:38 (8) 롬 6:22 (9) 고전 12:13, 25-27

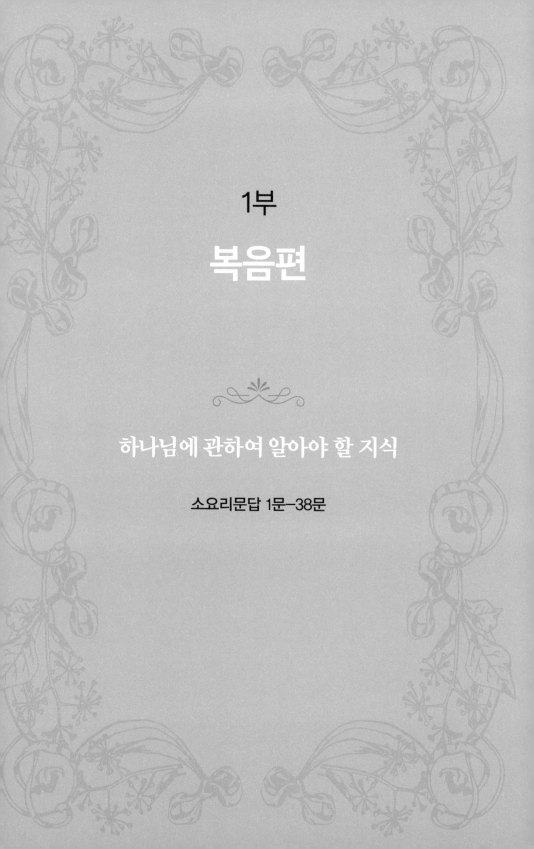

1부

복음편

하나님에 관하여 알아야 할 지식

소요리문답 1문-38문

사람의 목적

마음열기

세례는 죄를 씻는 예식입니다. 이 예식은 물로 몸을 씻듯이, 예수님의 피로 우리의 죄가 용서받고 새롭게 태어났다는 것을 의미합니다. 세례를 받기로 결심한 이유는 무엇인가요?

주제소개

세례를 받고 그리스도인이 되는 것은 옛 사람에 대해서 죽고 새 사람이 되는 것입니다. 새 사람은 과거에 쫓던 인생의 목적과 방향을 바꾸고 새로운 인생의 목적과 방향을 가지고 살게 됩니다. 1주차에서 성경에서 말하는 사람의 목적과 그 목적을 이룰 수 있는 방법이 무엇인지에 대해 소개합니다.

1. 사람의 목적은 무엇인가요? (소요리 1문)

창세기 1:28 하나님이 자기 형상 곧 하나님의 형상대로 사람을 창조하시되 남자와 여자를 창조하시고

고린도전서 10:31 그런즉 너희가 먹든지 마시든지 무엇을 하든지 다 하나님의 영광을 위하여 하라.

마태복음 5:16 이같이 너희 빛을 사람 앞에 비추게 하여 저희로 너희 착한 행실을 보고 하늘에 계신 너희 아버지께 영광을 돌리게 하라.

모든 것은 존재하는 합당한 이유가 있습니다. 펜은 글을 기록하기 위해 존재합니다. 그릇은 물건을 담기 위해 존재합니다. 그렇다면 하나님이 사람을 만든 목적은 무엇일까요? 그 목적은 하나님을 영화롭게 하기 위해서입니다. 하나님께서 무엇인가 부족해서 우리가 영화롭게 하는 것은 아닙니다. 하나님은 전혀 어떤 부족함이 없이 이미 지극히 영화로운 분입니다. 하나님은 영화로우심을 창조로 드러내 보여주셨습니다. 창조된 만물은 하나님의 영화로움을 드러내고 있습니다. 피조물 중에서 사람은 하나님의 영화로움을 가장 잘 반영합니다. 왜냐하면 사람을 하나님의 형상을 따라서 가장 아름답게 지으셨기 때문입니다. 그래서 사람은 하나님의 영화로우심을 드러내며 살도록 지음을 받았습니다. 하나님을 예배하고 하나님을 사랑하고 하나님을 바라보며 살아야 합니다. 하나님에 대한 바른 지식을 가지게 되면, 하나님이 얼마나 거룩하고 의롭고 좋은 분인지 말씀에 순종하며 드러내야 합니다. 사람이 하나님을 영화롭게 한다는 의미는 하나님을 갈망하며 하나님의 말씀에 순종하는 것을 말합니다.

2. 하나님을 영화롭게 하는 방법은 어디에 있나요? (소요리 2문)

신명기 6:6 오늘 내가 네게 명하는 이 말씀을 너는 마음에 새기고

시편 119:105 주의 말씀은 내 발에 등이요 내 길에 빛이니이다.

잠언 22:19-20 내가 네게 여호와를 의뢰하게 하려 하여 이것을 오늘 특별히 네게 알게 하였노니 내가 모략과 지식의 아름다운 것을 너를 위해 기록하여

하나님을 영화롭게 하는 방법은 성경에서만 찾을 수 있습니다. 왜 성경에서만 찾을 수 있을까요? 사람의 종교적인 체험이나 종교적인 노력으로 알 수 있지 않을까요? 사람은 자신의 힘으로 알 수 없습니다. 왜냐하면 사람은 타락했기 때문입니다. 사람의 이성과 감성과 의지는 타락해서 하나님에 대한 바른 지식을 가질 수 없습니다. 하나님에 관한 지식은 하나님께서 알려주셔야만 했습니다. 하나님께서 스스로 자신을 드러내 보여 주신 것을 계시라고 합니다. 하나님은 성경으로 자신을 계시하셨습니다. 하나님께서 자신을 직접 계시해

주셔야 비로서 우리는 하나님을 알 수 있습니다. 성경은 약 40명의 저자가 약 1,500년 동안 기록했습니다. 성경을 기록한 저자들은 성령의 감동으로 성경을 기록했기 때문에 오류가 없습니다. 번역상의 작은 오류는 하나님에 관한 지식을 아는데 방해를 받지 않습니다. 성경이 오랜 기간 동안 기록되었어도 구약 성경 39권과 신약 성경 27권은 놀라운 통일성을 가지고 있습니다. 오직 성경 66권만으로 하나님을 영화롭게 하는 방법을 알 수 있습니다.

3. 성경은 어떤 내용인가요? (소요리 3문)

요한복음 5:39 너희가 성경에서 영생을 얻는 줄 생각하고 성경을 연구하거니와 이 성경이 곧 내게 대하여 증언하는 것이니라.

신명기 10:12-13 이스라엘아 네 하나님 여호와께서 네게 요구하시는 것이 무엇이냐 곧 네 하나님 여호와를 경외하여 그의 모든 도를 행하고 그를 사랑하며 마음을 다하고 뜻을 다하여 네 하나님 여호와를 섬기고 내가 오늘 네 행복을 위하여 네게 명하는 여호와의 명령과 규례를 지킬 것이 아니냐.

디모데후서 3:16-17 모든 성경은 하나님의 감동으로 된 것으로 교훈과 책망과 바르게 함과 의로 교육하기에 유익하니 이는 하나님의 사람으로 온전하게 하며 모든 선한 일을 행할 능력을 갖추게 하려 함이라.

성경은 두 가지 지식을 가르칩니다. 첫째, 하나님에 대한 지식입니다. 하나님이 어떤 분인지에 관한 지식과 하나님이 무엇을 하셨는지에 관한 지식입니다. 하나님의 존재와 하시는 일에 관한 지식을 복음이라고 하며 우리가 바른 믿음을 가지는데 반드시 필요합니다. 하나님을 아는 지식이 없거나 부족하다면 바른 믿음을 가지기 어렵습니다. 성경에서 말하는 하나님에 관한 지식을 가지지 못하면 인간의 타락한 본성으로 상상한 신에 대한 신지식을 가지게 되며, 이것은 성경의 하나님이 아니라, 인간이 만든 신이 됩니다. 하나님을 바르게 알아야 구원에 이르고 온전한 사람으로 성장할 수 있습니다. 둘째, 인간의 순종에 대한 지식입니다. 이것은 하나님께서 인간에게 무엇을 요구하시는지에 관한 지식입니다. 하나님께서 우리에게 놀라운 은혜를 베풀어 주셨다면 은혜에 합당한 삶을 살아야 합니다. 하나님의 법을 바르게 알아야 하나님께서 원하시는 삶을 살 수 있습니다. 하나님께서 요구하는 법을 따라 살 때 우리는 온전한 하나님의 형상으로 성장하고 거룩한 삶을 살 수 있습니다. 하나님의 자녀로 바르게 살기 위해서 성경으로 하나님의 법을 깨닫고 실천해야 합니다.

. . . .

기억하기 📋

1. 사람을 만드신 목적은 하나님을 영화롭게 하기 위해서입니다.
2. 하나님을 영화롭게 하는 법은 오직 성경에서 찾을 수 있습니다.
3. 성경은 하나님에 대한 지식과 하나님께 순종해야 할 규범에 대해서 가르칩니다.

1. 사람의 목적은 무엇인가요?

1문: 사람의 제일 되는 목적이 무엇입니까?

답: 사람의 제일 되는 목적은 하나님을 영화롭게 하고, 하나님을 영원토록 즐거워하는 것입니다.

2. 하나님을 영화롭게 하는 방법은 어디에 있나요?

2문: 하나님을 영화롭게 하고 즐거워하는 것을 지도하시려고 하나님께서 우리에게 주신 준칙準則은 무엇입니까?

답: 하나님을 영화롭게 하고 즐거워하는 것을 지도하시려고 하나님께서 우리에게 주신 유일한 준칙은 구약과 신약 성경에 기록된 하나님의 말씀입니다.

3. 성경은 어떤 내용인가요?

3문: 성경이 가장 중요하게 가르치는 것이 무엇입니까?

답: 성경이 가장 중요하게 가르치는 것은 사람이 하나님에 대하여 믿을 것은 무엇이며, 하나님께서 사람에게 요구하시는 본분은 무엇인가 하는 것입니다.

기도하기 🖐

하나님 아버지, 우리에게 사람을 만드신 목적을 알려 주셔서 감사드립니다. 우리를 지으신 목적은 하나님을 영화롭게 하는 것임을 배웠습니다. 우리가 하나님을 영화롭게 하기 위해서 성경으로 말씀해 주신 하나님에 대한 지식을 부지런히 배울 수 있게 도와주시고, 하나님께서 우리에게 원하시는 법을 따라 살기에 조금도 부족함이 없도록 인도해 주시옵소서.

삼위일체 하나님

마음열기 😊

나는 "하나님"을 어떤 분이라고 표현할 수 있는지 각자의 고백을 나누어 봅시다.

주제소개 🎤

성경은 두 가지 내용으로 나누어집니다. 복음과 실천입니다. 복음은 하나님에 관하여 믿어야 할 지식입니다. 실천은 하나님께서 우리에게 요구하시는 법과 계명입니다. 2주차부터 5주차까지는 하나님에 관하여 믿어야 할 지식을 안내합니다. 바른 믿음은 하나님을 바르게 아는 것에서 시작합니다. 2주차는 하나님이 어떤 분인지에 대해서 소개합니다.

교리공부

1. 하나님은 어떤 분인가요? (소요리 4문)

다른 사람에게 하나님을 소개할 때 어떻게 설명해야 할까요? 하나님이 어떤 분인지와 하나님이 무엇을 하시는지 두 가지로 소개할 수 있습니다. 하나님이 어떤 분인지 소개할 때 쉽게 소개하는 방법은 우리와 같은 점과 다른 점을 소개하는 것입니다. 우리 인간과 같은 점을 공유적 속성이라고 합니다. 같은 점이 있는 이유는 인간을 하나님의 형상대로 지었기 때문입니다. 우리와 다른 점을 비공유적 속성이라고 합니다.

1) 하나님이 우리와 같은 점은 무엇인가요?

> **출애굽기 34:6** 여호와께서 그의 앞으로 지나시며 선포하시되 여호와라 여호와라 자비롭고 은혜롭고 노하기를 더디하고 인자와 진실이 많은 하나님이라.
> **로마서 11:33** 깊도다 하나님의 지혜와 지식의 풍성함이여, 그의 판단은 헤아리지 못할 것이며 그의 길은 찾지 못할 것이로다.

하나님이 우리와 같은 점을 공유적 속성이라고 하는데, 사랑, 선, 거룩, 의, 지식, 진실, 권세 등입니다. 예를 들면, 성경에서 하나님은 사랑이라고 할 때 우리가 경험하는 부모의 헌신적인 사랑을 통해서 하나님도 사랑을 베푸는 분으로 생각할 수 있습니다. 그런데, 하나님과 인간의 같은 점이라고 해서 인간의 불완전한 모습까지 같은 것은 아닙니다. 하나님의 사랑과 인간의 사랑은 질적으로 깊은 차이가 있습니다. 하나님의 사랑은 변하지 않는 영원한 사랑이지만, 인간의 사랑은 변할 수 있는 유한한 사랑입니다. 하나님은 완전하고 불변하고 영원한 사랑을 하시는 분이고 우리는 하나님의 사랑을 받고 있는 자녀입니다. 하나님의 사랑처럼 선, 거룩, 의, 지식, 진실, 권세 등의 속성도 영원하고 불변하고 완전합니다.

2) 하나님이 우리와 다른 점은 무엇인가요?

> **출애굽기 3:14** 나는 스스로 있는 자이니라.
> **시편 102:27** 주는 한결같으시고 주의 연대는 무궁하리이다.
> **예레미야 23:24** 여호와가 말하노라 나는 천지에 충만하지 아니하냐.
> **시편 90:2** 산이 생기기 전, 땅과 세계도 주께서 조성하시기 전 곧 영원부터 영원까지 주는 하나님이시니이다.

하나님이 우리와 다른 점을 비공유적 속성이라고 하는데, 자존성, 무한성, 영원성, 불변성, 편재성 등이 있습니다. 인간은 유한하지만 하나님은 무한하십니다. 공간적으로 무한한 것을 편재성이라고 하고 시간적으로 무한한 것을 영원성이라고 합니다. 우리가 무엇을 하든지 어디에 있든지 함께 하실 수 있습니다. 또한 하나님은 스스로 존재하시며 그 무엇에도 의존하지 않는 자존성을 가지고 계십니다. 하나님은 홀로 무한하게 만족하시며 영광가운데 계십니다. 또한 하나님은 불변성을 가지고 있습니다. 인간은 변하지만 하나님은 영원히 변치 않으십니다. 우리를 향한 약속은 변하지 않고 지키십니다.

2. 삼위일체란 무엇인가요? (소요리 5-6문)

....

....

> **마태복음 28:19** 그러므로 너희는 가서 모든 민족을 제자로 삼아 아버지와 아들과 성령의 이름으로 세례를 베풀고
>
> **고린도후서 13:13** 주 예수 그리스도의 은혜와 하나님의 사랑과 성령의 교통하심이 너희 무리와 함께 있을지어다.
>
> **요한복음 15:26** 내가 아버지께로서 너희에게 보낼 보혜사 곧 아버지께로서 나오시는 진리의 성령이 오실 때에 그가 나를 증거하실 것이요.

성경은 하나님을 삼위일체 하나님으로 말씀하고 있습니다. 삼위일체라는 뜻은 하나님께서 성부와 성자와 성령이라는 세 위격으로 계시지만, 본성상 하나의 본질, 혹은 하나의 본성을 이루고 있다는 말입니다. 삼위에서 "위"라는 말은 인격이라는 의미인데 사람의 인격과 다른 신적인 인격성을 높여서 표현한 말입니다. 성부와 성자와 성령 하나님은 위격으로 서로 구별되지만, 분리되지 않는 한 하나님이십니다. 우리는 예배할 때마다 사도신경에서 삼위일체 하나님을 고백하고 있습니다. 유한한 인간이 무한한 하나님을 이해하기 어려우나 꼭 기억해야 할 하나님에 대한 바른 표현은 '한 분 하나님은 삼위로 계신다.'입니다. 삼위로 계신 하나님은 본질적으로 하나라는 사실을 꼭 기억해야 합니다.

3. 하나님은 무슨 일을 하시나요? (소요리 7-11문)

이사야 25:1 여호와여 주는 나의 하나님이시라 내가 주를 높이고 주의 이름을 찬송하오리니 주는 기사를 옛적에 정하신 뜻대로 성실함과 진실함으로 행하셨음이라.

에베소서 1:11 모든 일을 그의 뜻의 결정대로 일하시는 이의 계획을 따라 우리가 예정을 입어 그 안에서 기업이 되었으니

다니엘 4:35 땅의 모든 사람들을 없는 것 같이 여기시며 하늘의 군대에게든지 땅의 사람에게든지 그는 자기 뜻대로 행하시나니 그의 손을 금하든지 혹시 이르기를 네가 무엇을 하느냐고 할 자가 아무도 없도다.

하나님은 에베소서 1장 11절의 말씀처럼 하나님의 계획에 따라 일하십니다. 하나님의 계획은 창조하기 전에 이미 세워진 계획으로서 '작정'이라고 부릅니다. 작정에 따라서 하나님은 주권적으로 결정하시고 자신의 의지를 따라서 모든 만물을 창조하는 일을 하셨고, 창조하신 것을 다스리고 통치하시며 보존하는 섭리의 일을 하고 계십니다. 그래서 우리에게 일어나는 모든 일은 하나님의 계획 안에서 일어납니다. 하나님의 모든 계획은 선합니다. 하나님께서 하시는 모든 일은 선합니다. 하나님의 영원한 계획인 작정은 모든 것을 협력하여 하나님의 영광을 드러냅니다.

기억하기 📋

1. 하나님의 공유적 속성은 사랑, 선, 거룩, 의, 지식, 진실, 권세 등입니다.

2. 하나님의 비공유적 속성은 무한성, 불변성, 영원성 등입니다.

3. 한 분 하나님은 삼위, 즉 성부 하나님, 성자 하나님 성령 하나님으로 계십니다.

4. 하나님은 모든 것에 대한 영원한 목적, 즉 작정을 가지고 계시며 창조와 섭리로 작정을 이루십니다.

소요리문답 읽기 💬

1. 하나님은 어떤 분인가요?

4문: 하나님은 어떤 분이십니까?

답: 하나님은 신이십니다. 그분의 존재와 지혜와 권능과 거룩하심과 의로우심과 선하심과 인자하심과 진실하심은 무한하시며 무궁하시며 불변하십니다.

2. 삼위일체란 무엇인가요?

5문: 하나님 한 분 외에 다른 하나님이 있습니까?

답: 오직 한 분 하나님, 살아 계시고 참되신 하나님만 계십니다.

6문: 하나님의 신격神格에는 몇 위位가 계십니까?

답: 하나님의 신격에는 성부 · 성자 · 성신, 삼위가 계십니다. 이 삼위는 한 하나님이며, 본질이 동일하시고 권능과 영광이 동등하십니다.

3. 하나님은 무슨 일을 하시나요?

7문: 하나님의 작정作定이 무엇입니까?

답: 하나님의 작정은 그분의 뜻대로 계획하신 영원한 목적입니다. 그 목적을 따라 하나님께서는 일어나는 모든 일을 자기의 영광을 위하여 미리 정하셨습니다.

8문: 하나님께서 그분의 작정을 어떻게 이루십니까?

답: 하나님께서는 그분의 작정을 창조와 섭리의 일로써 이루십니다.

9문: 하나님께서 창조하신 일이 무엇입니까?

답: 하나님께서 창조하신 일은 엿새 동안에 아무것도 없는 중에서 그분의 능력 있는 말씀으로 만물을 지으신 것인데, 하나님의 보시기에 모든 것이 매우 좋았습니다.

10문: 하나님께서 사람을 어떻게 지으셨습니까?

답: 하나님께서는 사람을 남자와 여자로 지으시되 자기의 형상대로 지식과 의와 거룩함으로 창조하시어 피조물을 다스리게 하셨습니다.

11문: 하나님께서 섭리하시는 일이 무엇입니까?

답: 하나님께서 섭리하시는 일은 모든 피조물과 그 모든 활동을 가장 거룩하고 지혜롭고 능력 있게 보존하시며 통치하시는 것입니다.

기도하기

하나님 아버지, 하나님은 한 분 하나님이시며, 성부와 성자와 성령의 삼위로 계신 분이심을 믿습니다. 영원 전부터 영으로 계셔서 모든 것에 대한 계획을 가지고 하나님의 영광을 창조와 섭리로 드러내 보여주심을 감사드립니다. 우리를 하나님의 형상으로 지으시고 하나님 자녀로 삼아주시고 하나님의 섭리 가운데 살게 하셔서 감사드립니다. 우리가 살아가면서 어떤 고난과 환란이 있더라도 선하신 하나님의 섭리 아래 있다는 사실을 굳게 믿는 믿음을 허락해 주셔서 항상 하나님 안에 참 소망을 가지고 하나님께 영광을 돌릴 수 있도록 도와주시옵소서.

3주차

사람의 타락과 범죄

마음열기 ♡

사람의 죄성을 증거하는 사회적인 현상들은 무엇이 있을까요?

주제소개 🎙

하나님은 모든 만물을 아름답게 지으시고 보시기에 좋았다고 말씀하셨습니다. 하나님의 영광을 드러내는 창조는 원래 지은 그대로 유지가 되었을까요? 안타깝지만, 아름다운 창조는 크게 훼손되고 말았고 피조물은 깊은 탄식 가운데 고통하고 있습니다. 왜 일까요? 그것은 인간의 죄 때문이었습니다. 3주차는 하나님의 창조를 훼손시킨 인간의 죄에 대해서 소개합니다.

1. 하나님이 창조하신 세상은 계속 선한 상태였나요? (소요리문답 12-13문)

창세기 3:6 여자가 그 나무를 본즉 먹음직도 하고 보암직도 하고 지혜롭게 할 만큼 탐스럽기도 한 나무인지라 여자가 그 실과를 따 먹고 자기와 함께 한 남편에게도 주매 그도 먹은지라.

전도서 7:29 나의 깨달은 것이 이것이라 곧 하나님이 사람을 정직하게 지으셨으나 사람은 많은 꾀를 낸 것이니라.

호세아 6:7 저희는 아담처럼 언약을 어기고 거기서 내게 패역을 행하였느니라.

하나님은 아담과 하와를 정직하고 흠이 없게 지으셨습니다. 하나님의 형상으로 지음받아서 자유의지를 가지고 스스로 선택할 수 있는 능력도 있었습니다. 말씀을 지킬 수 있는 능력도 있었습니다. 하나님은 아담과 하와에게 지킬 수 없는 어려운 계명을 주지 않았습니다. 그들이 지켜야 하는 계명은 선악을 알게 하는 나무의 실과를 먹지 말라고 하신 단 한 가지였습니다. 그러나, 사람은 자신의 의지로 선택해서 죄를 짓고 말았고, 하나님의 형상은 훼손되어 하나님을 떠나 죽음과 고통을 겪는 비참한 상태로 전락하고 말았습니다. 그럼에도 불구하고 하나님은 인간에게 은혜 언약을 주시고 구원의 길을 열어 주셨습니다. (창 3:15)

2. 죄란 무엇인가요? (소요리문답 14-15문)

....

....

> **레위기 5:17** 만일 누구든지 여호와의 금령 중 하나를 부지중에 범하여도 허물이라. 벌을 당할 것이니
>
> **야고보서 2:10** 누구든지 온 율법을 지키다가 그 하나에 거치면 모두 범한 자가 되나니
>
> **야고보서 4:17** 이러므로 사람이 선을 행할 줄 알고도 행치 아니하면 죄니라.

세상 사람들은 자신을 죄인이라고 생각하지 않습니다. 죄의 기준은 세상의 법이기 때문입니다. 성경에서 말하는 죄의 기준은 세상의 법이 아니라 하나님의 법입니다. 죄는 하나님을 인정하지 않고 하나님의 법을 어기는 것을 말합니다. 그래서 하나님 앞에서 죄인이 아닌 사람은 없습니다. 하나님의 법에는 하나님의 거룩하심과 의로우심과 선하심이 들어 있습니다. 하나님은 지극히 거룩한 분이기에 죄와 함께 할 수 없고 죄를 심판하실 수밖에 없습니다. 죄로 인해 인류는 하나님의 진노 아래 놓이게 되었습니다.

3. 인류가 타락한 결과 어떤 처지가 되었나요? (소요리문답 16-19문)

....

....

시편 51:5 내가 죄악 중에 출생하였음이여 모친이 죄 중에 나를 잉태하였나이다.

시편 58:3 악인은 모태에서부터 멀어졌음이여. 나면서부터 곁길로 나아가 거짓을 말하는도다.

로마서 5:12-21 이러므로 한 사람으로 말미암아 죄가 세상에 들어오고 죄로 말미암아 사망이 왔나니 이와 같이 모든 사람이 죄를 지었으므로 사망이 모든 사람에게 이르렀느니라.

아담이 죄를 짓고 나서 했던 첫 번째 행동은 하나님을 피하는 것이었습니다. 죄는 하나님을 싫어하게 만듭니다. 아담이 지은 죄는 앞으로 태어나는 모든 후손에게 영향을 미치게 되었습니다. 아담이 죄를 지었는데, 왜 후손들까지 죄인으로 태어나는 것일까요? 아담은 인류의 대표였기 때문입니다. 아담 이후로 태어나는 모든 인류는 원죄를 가지고 태어나며, 이성과 의지와 마음이 부패하여 모든 일에 자범죄를 짓게 되었습니다. 이러한 범죄는 하나님의 심판을 받고 지옥의 형벌을 받게 됩니다.

• •

기억하기 📝

1. 하나님은 사람을 흠없이 창조 하셨으나, 사람의 자유의지로 하나님의 법을 어기고 죄를 지었습니다.
2. 죄는 하나님을 인정하지 않고 하나님의 법을 어기는 모든 생각과 행위입니다.
3. 모든 사람은 죄를 짓고 타락한 결과로 하나님의 진노와 심판을 받게 되었습니다.

소요리문답 읽기 💬

1. 하나님이 창조하신 세상은 계속 선한 상태였나요?

12문: 사람이 창조받은 지위에 있을 때에 하나님께서 그에게 행하신 특별한 섭리는 무엇입니까?

답: 하나님께서 사람을 창조하신 후에 완전한 순종을 조건으로 생명 언약을 맺으시고, 선악을 알게 하는 나무의 열매 먹는 것을 사망의 벌로써 금하셨습니다.

13문: 우리 시조始祖가 창조 받은 지위에 그대로 있었습니까?

답: 우리 시조는 의지의 자유를 받았으나 하나님께 범죄함으로써 창조받은 지위에서 타락하였습니다.

2. 죄란 무엇인가요?

14문: 죄가 무엇입니까?

답: 죄는 하나님의 율법을 조금이라도 부족하게 지키거나 그 법을 어기는 것입니다.

15문: 우리 시조가 창조 받은 지위에서 타락하게 된 죄는 무엇입니까?

답: 우리 시조가 창조 받은 지위에서 타락하게 된 죄는 금하신 열매를 먹은 것입니다.

3. 인류가 타락한 결과 어떤 처지가 되었나요?

16문: 아담의 첫 범죄 때에 모든 사람이 타락하였습니까?

답: 아담과 맺으신 언약은 아담 한 사람만이 아니라 그의 후손까지 위한 것이므로, 보통 출생법으로 아담의 후손이 된 모든 인류는 아담의 첫 범죄 때에 그의 안에서 죄를 짓고 그와 함께 타락하였습니다.

17문: 타락으로 말미암아 인류는 어떠한 처지에 떨어지게 되었습니까?

답: 타락으로 말미암아 인류는 죄와 비참한 처지에 떨어지게 되었습니다.

18문: 사람이 그 타락한 처지에서 죄 되는 것은 무엇입니까?

답: 사람이 그 타락한 처지에서 죄 되는 것은 아담의 첫 범죄의 죄책罪責과 원시의原始義가 없는 것과 온 성품이 부패한 것인데, 이것이 보통 원죄原罪라 하는 것이고, 아울러 이 죄로 말미암아 나오는 모든 자범

죄_自犯罪_입니다.

19문: 사람이 그 타락한 처지에서 비참한 것은 무엇입니까?

답: 모든 인류는 타락함으로 말미암아 하나님과 교제가 끊어졌고 하나님 의 진노와 저주 아래 있으며, 그로 말미암아 이 세상에서 온갖 비참함 을 겪다가 결국 죽음에 이르고 영원히 지옥의 고통에 떨어집니다.

기도하기 ✍

하나님 아버지, 우리는 하나님의 영광에 이를 수 없는 죄인이었습니다. 본질 상 하나님의 진노 아래서 심판을 받을 수 밖에 없는 타락한 존재였습니다. 그 러나, 우리에게 죄의 비참함을 깨닫게 하시고 하나님의 엄중한 심판을 피하는 길은 오직 예수 그리스도 밖에 없음을 계시해 주셔서 감사드립니다. 오직 예 수 그리스도만 의지하며 하나님께 나올 수 있게 도와 주시고, 예수 그리스도 의 공로만 의지하며 하나님께 예배할 수 있게 도와 주시옵소서.

4주차

예수님

마음열기

나는 "예수 그리스도"를 누구라고 표현할 수 있는지 각자의 고백을 나누어 봅시다.

주제소개

하나님은 사람을 하나님의 형상대로 아름답게 지으셨지만, 사람은 하나님의 법을 어기고 타락했습니다. 아담의 후손들도 모두 죄를 가지고 태어났으며 인류는 하나님의 진노와 심판 아래 놓이게 되었습니다. 그러나 하나님은 타락한 인류를 내버려 두지 않았습니다. 구원자이신 예수님을 보내 주셨습니다. 4주차는 범죄한 인류를 위해 이 땅에 오신 하나님의 독생자 아들 예수님을 소개합니다.

1. 하나님은 타락한 인류를 멸망하게 내버려두셨나요? (소요리 20문)

> **창세기 3:15** 내가 너로 여자와 원수가 되게 하고 너의 후손도 여자의 후손과 원수가 되게 하리니 여자의 후손은 네 머리를 상하게 할 것이요 너는 그의 발꿈치를 상하게 할 것이니라 하시고
>
> **사도행전 13:48** 이방인들이 듣고 기뻐하여 하나님의 말씀을 찬송하며 영생을 주시기로 작정된 자는 다 믿더라.
>
> **디모데후서 1:9** 하나님이 우리를 구원하사 거룩하신 부르심으로 부르심은 우리의 행위대로 하심이 아니요 오직 자기 뜻과 영원한 때 전부터 그리스도 예수 안에서 우리에게 주신 은혜대로 하심이라.

하나님은 죄를 지어 타락한 인류를 내버려 두지 않았습니다. 선하신 하나님은 타락한 인류 가운데서 하나님의 기쁘신 뜻에 따라 일부를 선택하셨습니다. 이것은 그들의 선한 행위를 미리 아시고 선택한 것이 아닙니다. 하나님의 주권적인 은혜에 근거해 선택하셨습니다. 하나님의 선택은 은혜롭고 선하신 결정이며 하나님의 영광을 드러냅니다. 선택받은 자녀가 누구인지 오직 하나님만 아시며 언약이라는 방법으로 구속하십니다. 은혜로 인하여 택함을 받은 자들은 성령님의 역사로 부르심에 응하게 됩니다. 이 부르심을 통해서 구속자이신

예수 그리스도를 영접하고 하나님과 은혜 언약의 관계 안에 들어갑니다.

2. 하나님께서 정하신 구속자는 누구인가요? (소요리 21-22문)

....

....

마태복음 3:17 하늘로서 소리가 있어 말씀하시되 이는 내 사랑하는 아들이요 내 기뻐하는 자라 하시니라.

요한복음 1:14 말씀이 육신이 되어 우리 가운데 거하시매 우리가 그 영광을 보니 아버지의 독생자의 영광이요 은혜와 진리가 충만하더라.

갈라디아서 4:4 때가 차매 하나님이 그 아들을 보내사

하나님은 선택한 자들에게 구원이 일어나도록 구속자를 정하셨습니다. 구속자는 예수 그리스도입니다. 예수 그리스도는 어떤 죄도 없는 거룩한 분이지만 우리의 죄를 가져가셔서 대신 지시고 죽으셨습니다. 또한 예수 그리스도는 하나님의 법에 대한 완전한 순종으로 의로움을 확보하셨습니다. 하나님은 예수 그리스도를 믿는 자들에게 예수 그리스도의 십자가로 우리의 모든 죄를 용서하시고 예수 그리스도가 이룬 의로움을 우리에게 전가시켜 주셨습니다. 이제 예수 그리스도를 믿음으로 말미암아 의롭다고 칭함을 받은 자들은 하나님과 화목하게 되며 은혜 언약의 관계로 들어갑니다. 은혜 언약 안에 있는 택함 받은 자들은 성경에서 약속된 모든 복을 누릴 수 있게 됩니다.

3. 예수님은 우리를 위해서 무엇을 하셨나요? (소요리 23-28문)

빌립보서 2:6-7 그는 근본 하나님의 본체시나 하나님과 동등됨을 취할 것으로 여기지 아니하시고 오히려 자기를 비어 종의 형체를 가져 사람들과 같이 되었고

히브리서 10:12 오직 그리스도는 죄를 위하여 한 영원한 제사를 드리시고 하나님 우편에 앉으사.

디모데전서 2:5 하나님은 한 분이시요 또 하나님과 사람 사이에 중보자도 한 분이시니 곧 사람이신 그리스도 예수라.

구원은 삼위일체 하나님의 사역입니다. 우리를 향한 구원을 성부 하나님께서 계획하시고 성자 하나님께서 실행하시고 성령 하나님께서 적용하십니다. 성자 하나님이신 예수 그리스도는 성부 하나님의 계획을 실행하기 위해서 이 땅에 오셨습니다. 이 땅에 예수 그리스도가 사람으로 오신 이유는 우리의 죄에 대한 법적 책임으로 형벌을 받고 죽기 위해서입니다. 또한 예수 그리스도가 하나님이신 이유는 하나님의 엄중한 진노를 견디고 하나님의 공의를 만족하기 위해서였습니다. 예수 그리스도는 죽음의 형벌을 받고 장사되어 하나님의 진노를 견디셨고, 부활 승천하셔서 하나님의 우편 보좌에 앉으셨으며 장차 재림하셔서 심판하십니다. 지금도 예수 그리스도는 우리의 왕이 되셔서 통치하시고, 선지자로서 하나님의 뜻을 말씀으로 가르쳐 주시고, 제사장으로 우리를 하나님과 화목케 하시고 우리를 위해 중보하십니다.

기억하기 📝

1. 하나님은 타락한 인류를 내버려두지 않으시고 구속자이신 예수 그리스도를 이 땅에 보내 주셨습니다.

2. 예수 그리스도는 왕으로서 우리를 통치하시고, 선지자로서 하나님의 뜻을 말씀으로 가르쳐 주시고, 제사장으로서 우리를 위해 중보하고 계십니다.

3. 예수 그리스도는 인간이 되어 이 땅에서 고난받으시고 십자가에 죽어 장사되었지만, 부활하시고 승천하시어 하나님 보좌 우편에 앉으셔서 장차 심판하기 위해 재림하십니다.

소요리문답 읽기 💬

1. 하나님은 타락한 인류를 멸망하게 내버려두셨나요?

20문: 하나님께서 모든 인류를 죄와 비참한 처지에서 멸망하게 버려두셨습니까?

답: 하나님께서는, 영원부터 오직 그분의 선하신 뜻대로 어떤 사람들을 영생에 이르도록 선택하셨고, 구속자로 말미암아 그들을 죄와 비참

한 처지에서 건져 내어 구원의 지위에 이르게 하시려고 은혜 언약을 세우셨습니다.

2. 하나님께서 정하신 구속자는 누구인가요?

21문: 하나님께서 선택하신 사람들의 구속자는 누구이십니까?

답: 하나님께서 선택하신 사람들의 구속자는 오직 주 예수 그리스도이십니다. 그분은 하나님의 영원한 아들로서 사람이 되셨고, 한 위位에 양성兩性을 가지신 하나님이시고 사람이셨으며, 지금도, 그리고 영원토록 그러하십니다.

22문: 하나님의 아들이신 그리스도께서 어떻게 사람이 되셨습니까?

답: 하나님의 아들이신 그리스도께서는 성신의 능력으로 잉태되어 동정녀 마리아의 몸에서 참몸과 지각 있는 영혼을 취하심으로 사람이 되셨습니다. 또한 마리아에게서 태어나셨으나 죄는 없으십니다.

3. 예수님은 우리를 위해서 무엇을 하셨나요?

23문: 그리스도께서 우리의 구속자로서 무슨 직분을 행하십니까?

답: 그리스도께서는 우리의 구속자로서 선지자와 제사장과 왕의 직분을 낮아지고 높아지신 두 지위에서 행하십니다.

24문: 그리스도께서 선지자의 직분을 어떻게 행하십니까?

답: 그리스도께서는 선지자로서 우리를 구원하시려는 하나님의 뜻을 그

분의 말씀과 성신으로 우리에게 계시하십니다.

25문: 그리스도께서 제사장의 직분을 어떻게 행하십니까?

답: 그리스도께서는 제사장으로서 단번에 자신을 제물로 드려 하나님의 공의를 만족시키시고 우리를 하나님과 화목하게 하셨으며, 또한 우리를 위하여 항상 간구하십니다.

26문: 그리스도께서 왕의 직분을 어떻게 행하십니까?

답: 그리스도께서는 왕으로서 우리를 자기에게 복종하게 하시고 우리를 다스리시고 보호하시며, 그분의 모든 원수들, 곧 우리 원수들을 제어하시고 정복하십니다.

27문: 그리스도의 낮아지심이 무엇입니까?

답: 그리스도의 낮아지심은 그분이 강생(降生) 하시되 그처럼 비천한 형편에 태어나셨고 율법 아래 나셨으며, 이 세상에서 여러 가지 비참함을 겪다가 하나님의 진노와 십자가의 저주의 죽음을 받으셨고, 장사되셔서 얼마 동안 죽음의 권세 아래 거하신 것입니다.

28문: 그리스도의 높아지심이 무엇입니까?

답: 그리스도의 높아지심은 그분이 사흗날에 죽은 자들 가운데서 부활하셨고, 하늘에 오르셨고, 성부 하나님 우편에 앉아 계시며, 마지막 날에 세상을 심판하러 오시는 것입니다.

하나님 아버지, 죄를 지어 타락하고 비참함 가운데 있던 우리를 내버려두지 않으신 은혜를 감사드립니다. 우리를 위해 구원자이신 독생자 아들 예수 그리스도를 보내 주시기로 약속해 주셔서 감사드립니다. 때가 차매 하나님께서 예수 그리스도를 이 땅에 보내 주시고, 예수 그리스도가 우리를 위한 왕과 선지자와 제사장으로서 함께 해 주심을 감사드립니다. 항상 예수 그리스도의 공로만 의지하며 하나님께 나와 예배하겠습니다. 내 평생 예수 그리스도만 나의 주인으로 모시고 살아가기로 다짐하오니 우리에게 굳건한 믿음을 더해 주시옵소서.

5주차

성령님

마음열기 💛

내가 알고 있는 성령님은 어떤 분이시고 무엇을 하는 분인지 나누어 봅시다.

주제소개 🎤

하나님은 우리를 위해서 예수님을 이 땅에 보내 주셨습니다. 그러면 우리는 예수 그리스도를 어떻게 만날 수 있을까요? 약 이천 년 전에 십자가에 죽으시고 부활 승천하신 예수 그리스도를 지금 눈으로 보고나 만질 수도 없습니다. 나의 힘과 노력으로 만날 수 있는 분도 아닙니다. 누군가가 도와 주어야 합니다. 그 분이 바로 성령 하나님이십니다. 성령님은 신비한 기적을 일으키는 분으로만 오해하는 경우가 있지만, 가장 중요한 사역은 예수 그리스도의 구속으로 이루신 모든 유익을 우리에게 주시는 일입니다. 5주차는 성령님을 소개합니다.

1. 성령님은 어떤 일을 하시나요? (소요리 29문)

요한복음 15:26 내가 아버지께로부터 너희에게 보낼 보혜사 곧 아버지께로부터 나오시는 진리의 성령이 오실 때에 그가 나를 증언하실 것이요.

요한복음 16:14 그가 내 영광을 나타내리니 내 것을 가지고 너희에게 알리시겠음이라.

고린도전서 2:12 우리가 세상의 영을 받지 아니하고 오직 하나님께로 온 영을 받았으니 이는 우리로 하여금 하나님께서 우리에게 은혜로 주신 것들을 알게 하려 하심이라.

성령님은 성부와 성자와 동일한 본질을 가지신 하나님이십니다. 가벼운 마음으로 불러서는 안되고 합당한 경배를 해야 합니다. 성령님이 우리를 위해서 하신 중요한 사역은 예수 그리스도가 이루신 유익을 우리에게 적용시켜 주시고 우리를 예수 그리스도의 소유가 되게 하십니다. 이를 위해서 성령님은 택한 백성을 부르시고, 회개와 믿음을 허락하시며 예수 그리스도와 연합할 수 있게 합니다. 예수 그리스도와 연합한 자는 칭의의 은혜와 양자됨과 성화의 유익을 얻게 하십니다.

2. 성령님은 그리스도의 구원을 어떻게 적용하시나요? (소요리 30-35문)

데살로니가후서 2:13-14 주께서 사랑하시는 형제들아 우리가 항상 너희에 관하여 마땅히 하나님께 감사할 것은 하나님이 처음부터 너희를 택하사 성령의 거룩하게 하심과 진리를 믿음으로 구원을 받게 하심이니 이를 위하여 우리의 복음으로 너희를 부르사 우리 주 예수 그리스도의 영광을 얻게 하려 하심이라.

사도행전 2:37 저희가 이 말을 듣고 마음에 찔려 베드로와 다른 사도들에게 물어 가로되 형제들아 우리가 어찌할꼬 하거늘

요한복음 15:5 나는 포도나무요 너희는 가지니 저가 내 안에, 내가 저 안에 있으면 이 사람은 과실을 많이 맺나니 나를 떠나서는 너희가 아무 것도 할 수 없음이라.

성령님의 적용 사역을 크게 세 가지로 설명할 수 있습니다. 첫째, 부르심입니다. 부르심이란 어두운 죄악 가운데 있던 사람을 불러내신다는 의미입니다. 실제로 하나님의 말씀이 선포되는 자리에서 말씀을 듣고 난 이후에 자신의 죄를 깨닫고 하나님의 진노의 엄중함을 알게 되어 오직 예수 그리스도만이 구원자라는 것을 받아들이는 순간이 있습니다. 이것은 자신의 능력이 아니라, 성령님의 일하심으로 일어나는 역사입니다. 둘째, 성령님의 부르심으로 회개와 믿음이 일어납니다. 성령님의 역사로 죄의 용서가 필요함을 알고, 예수 그리스도 안에서 죄의 용서가 있다는 것을 깨달아 회개하게 됩니다. 이때 오직 예

수 그리스도만 붙잡게 되는 것을 믿음이라고 합니다. 셋째, 예수 그리스도와 연합하게 하십니다. 죄용서가 오직 예수 그리스도 안에서만 가능하다는 믿음을 가질 때 예수 그리스도와 연합하게 됩니다. 이렇게 연합하게 될 때 하나님께서 예비한 모든 언약의 복을 누리게 됩니다. 이런 모든 과정은 단계적 순서가 아니라 논리적 순서로서 실제로 구원은 이 모든 과정이 단번에 일어나는 하나의 사건입니다.

3. 성령님의 적용을 통해 얻는 유익은 무엇인가요? (소요리 36-38문)

로마서 8:30 또 미리 정하신 그들을 또한 부르시고 부르신 그들을 또한 의롭다 하시고 의롭다 하신 그들을 또한 영화롭게 하셨느니라.
에베소서 1:5 그 기쁘신 뜻대로 우리를 예정하사 예수 그리스도로 말미암아 자기의 아들들이 되게 하셨으니
골로새서 3:10 새 사람을 입었으니 이는 자기를 창조하신 이의 형상을 따라 지식에까지 새롭게 하심을 입은 자니라.

성령님의 적용을 통해 얻게 되는 대표적인 유익을 세 가지로 설명할 수 있습니다. 첫째, 칭의 입니다. 칭의는 죄를 용서해주심과 의롭다고 하심을 받는 것입니다. 예수 그리스도는 우리의 죄를 가져가시고 의를 주셨습니다. 예수 그리스도의 공로로 우리가 하나님께 의를 얻게 되었습니다. 둘째, 양자 됨입니

다. 하나님을 향해서 "아빠 아버지"라고 부를 수 있게 되었습니다. 예수 그리스도의 공로로 죄인의 신분에서 양자의 신분으로 변화되었습니다. 셋째, 성화입니다. 성화는 거룩한 삶으로 변화가 일어나는 것을 말합니다. 성령님은 우리의 의지를 새롭게 하셔서 하나님의 말씀을 사모하며 죄를 싫어하게 됩니다. 성화의 과정을 통해서 점점 하나님의 사랑에 대한 확신과 양심의 평안을 누릴 수 있게 됩니다.

• •

기억하기 📝

1. 성령님은 성부 하나님과 성자 하나님과 동일한 본질을 가진 하나님으로서 경외하는 마음으로 경배해야 합니다.
2. 성령님은 예수 그리스도가 이루신 구원을 지금 우리에게 적용시켜 주시는 사역을 하십니다.
3. 성령님은 택한 자녀를 부르셔서 말씀을 깨닫게 하시고 믿음을 불러 일으켜 주셔서 죄를 회개하여 의롭다함을 얻게 하시고 거룩한 하나님의 자녀가 될 수 있게 날마다 도와주십니다.

1. 성령님은 어떤 일을 하시나요?

29문: 우리가 어떻게 그리스도의 값 주고 사신 구속_{救贖}에 참여하는 사람이
되니까?

답: 그리스도의 성신께서 그 구속을 우리에게 효력 있게 적용하여 주심으
로 우리는 그리스도의 값 주고 사신 구속에 참여하는 사람이 됩니다.

2. 성령님은 그리스도의 구원을 어떻게 적용하시나요?

30문: 그리스도의 값 주고 사신 구속을 성신께서 우리에게 어떻게 적용하
십니까?

답: 성신께서는 우리를 효력 있는 부르심으로 부르셔서 우리 안에 믿음
을 일으켜 주시고 그리스도와 연합하게 하심으로 그리스도의 값 주
고 사신 구속을 우리에게 적용하여 주십니다.

31문: 효력 있는 부르심이 무엇입니까?

답: 효력 있는 부르심은 하나님의 성신께서 하시는 일로서, 우리의 죄와
비참함을 깨닫게 하시고, 우리의 마음을 밝게 하여 그리스도를 알게
하시고, 우리의 의지를 새롭게 하셔서, 우리로 하여금 복음 가운데
값없이 주시는 예수 그리스도를 영접하도록 우리를 설복_{說服}하여 믿
게 하시는 것입니다.

32문: 효력 있는 부르심을 받은 사람들이 이생에 무슨 유익을 얻습니까?

답: 효력 있는 부르심을 받은 사람들은 이생에서 의롭다 하심과 양자_{養子}로 삼으심과 거룩하게 하심을 얻고, 또한 그것들과 함께 오거나 그것들에서 나오는 유익을 얻습니다.

33문: 의롭다 하심이 무엇입니까?

답: 의롭다 하심은 하나님께서 값없이 주시는 은혜의 행위이고, 이로써 그분이 우리의 모든 죄를 용서하시고 우리를 자기 앞에서 의롭다고 여겨 주십니다. 이것은 오직 그리스도의 의를 우리에게 돌려주시는 일이고, 우리는 오직 믿음으로 받습니다.

34문: 양자로 삼으심이 무엇입니까?

답: 양자로 삼으심은 하나님께서 값없이 주시는 은혜의 행위이고, 이로써 우리가 하나님의 자녀의 수에 들게 되고 자녀의 모든 특권을 누릴 수 있게 됩니다.

35문: 거룩하게 하심이 무엇입니까?

답: 거룩하게 하심은 하나님께서 값없이 주시는 은혜의 행위이고, 이로써 우리가 하나님의 형상을 좇아 온전히 새 사람이 되고, 점점 더 죄에 대하여 죽고 의에 대하여 살게 됩니다.

3. 성령님의 적용을 통해 얻는 유익은 무엇인가요?

36문: 의롭다 하심과 양자로 삼으심과 거룩하게 하심과 함께 오거나 그것들에서 나오는 이생의 유익은 무엇입니까?

답: 의롭다 하심과 양자로 삼으심과 거룩하게 하심과 함께 오거나 그것들에서 나오는 이생의 유익은 하나님의 사랑을 확신함과 양심의 평안과 성신 안에서 누리는 기쁨과 은혜의 많아짐과 은혜 가운데서 끝까지 견디는 것입니다.

37문: 신자가 죽을 때에 그리스도에게서 무슨 유익을 받습니까?

답: 신자는 죽을 때에 그의 영혼이 완전히 거룩하게 되어 즉시 영광에 들어가고, 그의 몸은 여전히 그리스도에게 연합되어 부활할 때까지 무덤에서 쉽니다.

38문: 신자가 부활할 때에 그리스도에게서 무슨 유익을 받습니까?

답: 신자는 부활할 때에 영광 중에 일으킴을 받고, 심판 날에 공적으로 인정되고 죄 없다 함을 얻으며, 영원토록 하나님을 충만하게 즐거워하면서 완전한 복을 누릴 것입니다.

하나님 아버지, 보혜사 성령님을 우리에게 보내 주셔서 감사드립니다. 성령님께서 예수 그리스도가 이루신 구원의 유익을 우리에게 적용시켜 주셔서 감사드립니다. 하나님을 모르던 우리를 불러주시고 믿음을 불러 일으켜 주셔서 회개할 수 있는 마음을 주시고 하나님의 자녀로 성장할 수 있게 도와 주셔서 감사드립니다. 힘들고 어려운 순간이 올 때 성령님만을 의지하며 기도할 때 우리를 도와주시고 하나님 안에서 참 평안과 위로를 얻게 도와주시옵소서.

2부

실천편

하나님에 대한 우리의 의무

소요리문답 39문–107문

예배생활_
예배 대상, 예배 방법, 예배 태도, 예배 시간

마음열기 ♡

신앙생활 하면서 가장 기억에 남는 예배는 언제였나요?

주제소개 🎤

성경은 두 가지 내용으로 나누어집니다. 복음과 실천입니다. 복음은 하나님
에 관하여 믿어야 할 지식입니다. 실천은 하나님께서 요구하시는 법과 계명입
니다. 복음을 진실로 믿는다면, 하나님께서 명하시는 율법을 좇아 실천하려는
의지가 생기게 됩니다. 세례를 받고 하나님의 자녀가 되었다면 감사한 마음으
로 하나님 나라의 법을 따라 살아야 합니다. 6주차부터 실천에 관한 내용입니
다. 6주차는 예배생활에 관한 내용으로서 하나님을 어떻게 예배할지에 관한
계명을 소개합니다.

1. 우리가 예배해야 할 대상은 누구인가요? (소요리 39-48문)

출애굽기 20:2-3 나는 너를 애굽 땅, 종 되었던 집에서 인도하여 낸 네 하나님 여호와니라 너는 나 외에는 다른 신들을 네게 두지 말라.

마태복음 6:24 한 사람이 두 주인을 섬기지 못할 것이니 혹 이를 미워하고 저를 사랑하거나 혹 이를 중히 여기고 저를 경히 여김이라 너희가 하나님과 재물을 겸하여 섬기지 못하느니라.

신명기 6:5 너는 마음을 다하고 뜻을 다하고 힘을 다하여 네 하나님 여호와를 사랑하라.

1계명의 주제는 예배의 대상입니다. 사람들은 하나님처럼 믿고 의지하는 대상이 있습니다. 그 대상은 만들어진 신이나 혹은 돈과 같은 물질일 수도 있습니다. 1계명은 누구를 예배해야 하는지에 대한 말씀입니다. 1계명은 하나님 외에 다른 신을 섬기지 말라고 말씀합니다. 왜냐하면 다른 종교의 신은 인간이 만들어 낸 존재이기 때문입니다. 오직 성경에서 말씀하는 하나님만이 유일하신 참 하나님입니다. 1계명은 오직 하나님만을 가장 소중하게 생각하고 예배하라는 말씀입니다. 만약에 하나님보다 더 중요한 가치가 있다면 1계명을 어기는 죄를 짓게 됩니다. 돈과 명예, 성공을 하나님보다 더 중요하게 여기는 것은 하나님 외에 다른 신을 섬기는 것과 동일합니다. 1계명을 잘 지키기 위해서 하나님을 세상의 어떤 것보다 소중하고 중요하게 여기며 하나님을 믿고 의지하며 사랑해야 합니다. 하나님을 예배하는 시간을 가장 소중한 시간으로 알고 온 마음과 힘을 다해 예배해야 합니다.

2. 우리는 어떻게 예배해야 할까요? (소요리 49-52문)

출애굽기 20:4 너를 위하여 새긴 우상을 만들지 말고 또 위로 하늘에 있는 것이나 아래로 땅에 있는 것이나 땅 아래 물 속에 있는 것의 어떤 형상도 만들지 말며

이사야 40:25 거룩하신 자가 가라사대 그런즉 너희가 나를 누구에게 비기며 나로 그와 동등이 되게 하겠느냐 하시느니라.

요한복음 4:24 하나님은 영이시니 예배하는 자가 신령과 진정으로 예배할지니라.

2계명의 주제는 예배의 방법입니다. 하나님을 어떻게 예배해야 할지에 관해서 말씀하고 있습니다. 2계명은 하나님을 눈에 보이는 형상으로 만드는 일을 하지 말라고 말씀합니다. 왜냐하면 하나님은 영이시기 때문입니다. 하나님이 '영'이시라는 말은 하나님이 영혼이라는 의미가 아닙니다. '영'이라는 말씀은 '육체'와 반대되는 의미로서 하나님께서 시공간의 제약을 받는 이 땅의 모든 만물과 구별되어 무한하고, 영원하며, 불변하심을 의미합니다. 만약에 하나님을 형상으로 만든다면, 창조주를 피조물로 전락시키는 죄를 짓게 됩니다. 또한 로마 카톨릭처럼 마리아를 형상으로 만들어 숭배하거나 성인들의 유물

을 숭배하는 것도 우상숭배입니다. 예배할 때 어떤 형상을 사용해서도 안 되며, 예배할 때 성경에서 말씀한 예배의 요소를 사용해야 합니다. 성경읽기, 말씀선포, 찬송, 성찬, 기도, 축도와 같은 방법만을 사용하여 예배해야 합니다.

3. 우리는 어떤 태도로 예배해야 할까요? (소요리 53-56문)

출애굽기 20:7 너는 네 하나님 여호와의 이름을 망령되게 부르지 말라.
시편 8:1 여호와 우리 주여 주의 이름이 온 땅에 어찌 그리 아름다운지요 주의 영광이 하늘을 덮었나이다.
시편 86:9 주여 주께서 지으신 모든 민족이 와서 주의 앞에 경배하며 주의 이름에 영광을 돌리리이다.

3계명의 주제는 예배의 태도입니다. 우리는 존경하는 분의 이름으로 장난을 치거나 가볍게 부르지 않습니다. 3계명은 하나님의 이름을 망령되이 일컫는 일을 하지 말라고 말씀합니다. '망령되이'라는 말은 '헛되이', '의미없이'라는 의미입니다. 하나님의 '이름'은 하나님의 존재와 속성과 사역과 약속이 담겨 있습니다. 하나님의 이름이 곧 하나님 자신입니다. 하나님의 이름을 망령되이 부르는 것은 하나님을 함부로 부르거나, 헛되이 부르거나, 믿지 않는 마음으로 의미없이 부르는 것을 말합니다. 하나님을 진실로 믿는다면, 하나님의 이름을 믿는 마음으로 진실하게 부를 수밖에 없습니다. 특별히 성경에서 '하나님의 이름을 부르다'라는 표현은 예배를 드리는 것으로 사용되는 경우가 많습니다. 예배하는 시간은 하나님께 집중해야 합니다. 옆사람과 이야기 하거나 휴대폰을 보거나, 멍하게 다른 생각을 하는 것은 3계명을 어기는 일입니다. 예배는 존귀하신 하나님께만 집중하고 거룩하고 경건한 마음과 태도로 드려야 합니다.

4. 우리는 언제 예배해야 하나요? (소요리문답 57-62문)

출애굽기 20:8 안식일을 기억하여 거룩히 지키라.

출애굽기 20:11 이는 엿새 동안에 나 여호와가 하늘과 땅과 바다와 그 가운데 모든 것을 만들고 일곱째 날에 쉬었음이라. 그러므로 나 여호와가 안식일을 복되게 하여 그 날을 거룩하게 하였느니라.

요한복음 20:19 이 날 곧 안식 후 첫날 저녁 때에 제자들이 유대인들을 두려워하여 모인 곳의 문들을 닫았더니 예수께서 오사 가운데 서서 이르시되 너희에게 평강이 있을지어다.

4계명의 주제는 예배의 시간입니다. 4계명은 안식일을 기억하며 거룩하게 지킬 것을 말씀합니다. 안식일을 지켜야 하는 이유는 하나님께서 세상을 6일 동안 창조하시고 일곱째 날에 쉬었기 때문입니다. 안식일은 하나님께서 창조를 완성하시고 안식하신 날입니다. 안식일은 우리에게 하나님의 창조 사역을 기억하면서, 하나님 안에서 안식해야 한다는 진리를 가르쳐 줍니다. 그래서 우리는 6일 동안 열심히 일을 해야 하고 안식일에 하나님 안에 쉬면서 예배해야 합니다. 하나님 안에서 안식할 때, 단순히 하루를 쉬고 예배하는 것이 아니라, 모든 시간의 주인은 하나님이기 때문에 우리에게 주신 모든 시간의 주인 되심을 고백해야 하고, 또한 하나님 앞에 갔을 때 영원히 누리게 될 영원한 안식을 소망할 수 있어야 합니다. 구약 시대 안식일은 토요일이었습니다. 그런데, 신약 시대는 예수님의 부활로 안식일은 토요일에서 일요일, 즉 주일로 바뀌었습니다. 주일은 하나님의 구원과 새 창조를 기념하는 새 안식일입니다. 특별히 주일을 잘 지키기 위해서 주일은 성경공부와 찬송과 묵상과 기도와 성도의 교제에 힘을 기울여야 합니다.

· ·

기억하기 📋

1. 계명은 예배의 대상에 관한 말씀으로서 돈이나 명예나 권력과 같은 세상적인 가치보다 하나님을 더 중요하게 여기고 하나님만 예배할 것을 가르치고 있습니다.
2. 계명은 예배의 방법에 관한 말씀으로서 하나님을 잘못된 방법으로 섬기거나 하나님을 형상화하는 것을 금지하고 바르게 예배할 것을 가르칩니다.
3. 계명은 예배의 태도에 관한 말씀으로서 살아계신 하나님의 이름을 믿지 않는 마음으로 부르는 것을 금하고, 하나님을 부를 때 믿는 마음으로 부르고 경건하게 예배할 것을 가르칩니다.

4. 계명은 예배의 시간에 관한 말씀으로서 모든 시간의 주인은 하나님이시기에 주일에 모든 일을 중단하고 오직 하나님만을 예배하는 시간을 가지며 하나님 안에 쉴 것을 가르칩니다.

소요리문답 읽기 💬

1. 우리가 예배해야 할 대상은 누구인가요?

39문: 하나님께서 사람에게 요구하시는 본분이 무엇입니까?
답: 하나님께서 사람에게 요구하시는 본분은 그분이 나타내 보이신 뜻에 순종하는 것입니다.

40문: 사람이 마땅히 순종할 규칙으로 하나님께서 처음 나타내 보이신 것은 무엇입니까?
답: 사람이 마땅히 순종할 규칙으로 하나님께서 처음 나타내 보이신 것은 도덕의 법칙입니다.

41문: 도덕의 법칙은 어디에 총괄_{總括}되어 나타났습니까?
답: 도덕의 법칙은 십계명에 총괄되어 나타났습니다.

42문: 십계명의 강령_{綱領}이 무엇입니까?
답: 십계명의 강령은 우리의 마음을 다하고 목숨을 다하고 힘을 다하고

뜻을 다하여 주 우리 하나님을 사랑하고, 또 이웃을 자기 자신같이 사랑하라는 것입니다.

43문: 십계명의 머리말이 무엇입니까?

답: 십계명의 머리말은 "나는 너를 애굽 땅 종 되었던 집에서 인도하여 낸 너의 하나님 여호와로라" 하신 것입니다.

44문: 십계명의 머리말이 우리에게 가르치는 것은 무엇입니까?

답: 십계명의 머리말이 우리에게 가르치는 것은 하나님께서 여호와, 우리 하나님이시고, 구속자이시므로, 우리가 마땅히 그분의 모든 계명을 지켜야 한다는 것입니다.

45문: 제1계명이 무엇입니까?

답: 제1계명은 "너는 나 외에는 다른 신들을 네게 있게 말지니라" 하신 것입니다.

46문: 제1계명이 명하는 것은 무엇입니까?

답: 제1계명이 우리에게 명하는 것은 하나님께서 유일하고 참되신 하나님이시고 우리의 하나님이심을 알고 인정하며, 그에 합당하게 하나님을 경배하고 영화롭게 하라는 것입니다.

47문: 제1계명이 금하는 것은 무엇입니까?

답: 제1계명이 금하는 것은 하나님께서 참되신 하나님이시고 우리의 하나님이심을 부인하거나 그러한 분으로 경배하지 않거나 영화롭게

하지 않는 것이며 또 오직 그분께만 드려야 할 경배와 영광을 다른 자나 다른 것에게 돌리는 것입니다.

48문: 제1계명에서 "나 외에는" 혹은 "내 앞에서"라는 말씀이 우리에게 특별히 가르치는 것은 무엇입니까?

답: 제1계명에서 "나 외에는" 혹은 "내 앞에서"라는 말씀이 우리에게 특별히 가르치는 것은 모든 것을 보고 계시는 하나님께서 우리가 조금이라도 다른 신을 섬기는 죄를 특히 눈여겨 보시고 매우 싫어하신다는 것입니다.

2. 우리는 어떻게 예배해야 할까요?

49문: 제2계명이 무엇입니까?

답: 제2계명은 "너를 위하여 새긴 우상을 만들지 말고, 또 위로 하늘에 있는 것이나 아래로 땅에 있는 것이나 땅 아래 물 속에 있는 것의 아무 형상이든지 만들지 말며, 그것들에게 절하지 말며, 그것들을 섬기지 말라. 나 여호와 너의 하나님은 질투하는 하나님인즉, 나를 미워하는 자의 죄를 갚되 아비로부터 아들에게로 삼사 대까지 이르게 하거니와, 나를 사랑하고 내 계명을 지키는 자에게는 천 대까지 은혜를 베푸느니라" 하신 것입니다.

50문: 제2계명이 명하는 것은 무엇입니까?

답: 제2계명이 명하는 것은 하나님께서 그분의 말씀에서 정하여 주신 그 모든 경건한 예배와 규례를 받아들이고 행하며 순전하고 온전하게

지키라는 것입니다.

51문: 제2계명이 금하는 것은 무엇입니까?

답: 제2계명이 금하는 것은 하나님께 예배를 드릴 때에 형상을 사용하거나 혹은 하나님의 말씀에서 정하여 주시지 않은 다른 방법을 조금이라도 사용하는 것입니다.

52문: 제2계명을 지킬 이유로 이어서 말씀하신 것은 무엇입니까?

답: 제2계명을 지킬 이유로 이어서 말씀하신 것은 하나님께서 우리의 주권자이시고 우리의 소유주이시며, 친히 정하신 대로 경배받기를 열망하신다는 것입니다.

3. 우리는 어떤 태도로 예배해야 할까요?

53문: 제3계명이 무엇입니까?

답: 제3계명은 "너는 너의 하나님 여호와의 이름을 망령되이 일컫지 말라. 나 여호와는 나의 이름을 망령되이 일컫는 자를 죄 없다 하지 아니하리라" 하신 것입니다.

54문: 제3계명이 명하는 것은 무엇입니까?

답: 제3계명이 명하는 것은 하나님의 이름과 칭호와 속성과 규례와 말씀과 행사를 존경하는 마음으로 거룩하게 사용하라는 것입니다.

55문: 제3계명이 금하는 것은 무엇입니까?

답: 제3계명이 금하는 것은 하나님께서 자기를 나타내시는 데 쓰시는 것을 속되게 하거나 잘못 사용하는 것입니다.

56문: 제3계명을 지킬 이유로 이어서 말씀하신 것은 무엇입니까?

답: 제3계명을 지킬 이유로 이어서 말씀하신 것은 이 계명을 범한 자들이 비록 사람의 형벌은 피할 수 있어도, 여호와 우리 하나님의 의로운 심판은 피할 수 없다는 것입니다.

4. 우리는 언제 예배해야 하나요?

57문: 제4계명이 무엇입니까?

답: 제4계명은 "안식일을 기억하여 거룩히 지키라. 엿새 동안은 힘써 네 모든 일을 행할 것이나, 제칠 일은 너의 하나님 여호와의 안식일인즉, 너나 네 아들이나 네 딸이나 네 남종이나 네 여종이나 네 육축이나 네 문안에 유하는 객이라도 아무 일도 하지 말라. 이는 엿새 동안에 나 여호와가 하늘과 땅과 바다와 그 가운데 모든 것을 만들고 제칠 일에 쉬었음이라. 그러므로 나 여호와가 안식일을 복되게 하여 그 날을 거룩하게 하였느니라" 하신 것입니다.

58문: 제4계명이 명하는 것은 무엇입니까?

답: 제4계명이 명하는 것은 하나님께서 주님의 말씀으로 정하신 일정한 시간을 하나님께 거룩하게 지키는 것, 곧 이레 중 하루를 종일토록 하나님께 거룩한 안식일로 지키라는 것입니다.

59문: 하나님께서 이레 중 어느 날을 매주의 안식일로 정하셨습니까?

답: 세상의 처음부터 그리스도의 부활까지는 매주의 일곱째 날을 안식일로 정하셨고, 그 후부터 세상의 끝 날까지는 매주의 첫째 날을 안식일로 정하셨는데, 이날이 그리스도인의 안식일입니다.

60문: 안식일을 어떻게 거룩하게 지킬 수 있습니까?

답: 우리는 그날 종일을 거룩하게 쉬고 다른 날에 정당한 세상일과 오락까지도 쉬고, 또한 그 모든 시간을 하나님께 공적으로나 개인적으로 예배드리는 데에 사용함으로써 안식일을 거룩하게 지킵니다. 다만 불가피한 일과 자비를 베푸는 일은 행할 수 있습니다.

61문: 제4계명이 금하는 것은 무엇입니까?

답: 제4계명이 금하는 것은 명하신 의무를 이행하지 않거나 부주의하게 이행하는 것이며, 게으르거나 그 자체로 죄악적인 일을 하거나 또는 세상일과 오락에 관련된 불필요한 생각과 말과 일을 함으로써 그날을 더럽히는 것입니다.

62문: 제4계명을 지킬 이유로 이어서 말씀하신 것은 무엇입니까?

답: 제4계명을 지킬 이유로 이어서 말씀하신 것은 우리 자신의 일을 하도록 엿새를 허락하여 주셨고, 제칠 일을 주님의 특별한 소유로 주장하셨고, 친히 모범을 보여 주셨고, 안식일을 복 주신 것입니다.

하나님 아버지, 우리에게 믿음을 허락해 주셔서 하나님에 관한 지식을 깨달을 수 있게 도와 주셔서 감사드립니다. 하나님의 자녀로서 하나님께서 명하신 말씀에 순종하려고 합니다. 가장 먼저 하나님을 온전하게 예배하겠습니다. 살아 계신 하나님을 가장 중요하게 여겨서 하나님을 예배하는 시간을 가장 소중한 시간으로 여기겠습니다. 하나님을 오직 믿는 마음으로 부르며 온 마음을 다해 경건한 마음으로 예배하는 데 힘을 쓰겠습니다. 하나님의 자녀로서 하나님을 바르게 예배하고 하나님께서 명하신 모든 말씀에 순종할 수 있는 힘과 능력을 더해 주시옵소서.

교회생활_
직분, 교제, 가정

마음열기

나의 신앙에 가장 영향을 많이 준 사람은 누구였는지 나누어 봅시다.

주제소개

성경은 두 가지 내용으로 나누어집니다. 복음과 실천입니다. 복음은 하나님에 관하여 믿어야 할 지식입니다. 실천은 하나님께서 요구하시는 법과 계명입니다. 7주차는 실천에 관한 내용으로서 세례 받고 난 이후에 교회의 직분과 교회에서 교제와 가정에 관하여 순종해야 할 말씀을 소개합니다.

1. 교회에서 직분을 나눈 이유는 무엇인가요? (소요리 63-66문)

출애굽기 20:12 네 부모를 공경하라.
로마서 13:1 각 사람은 위에 있는 권세들에게 굴복하라 권세는 하나님께로 나지 않음이 없나니 모든 권세는 다 하나님의 정하신바라.
히브리서 13:17 너희를 인도하는 자들에게 순종하고 복종하라.

5계명의 주제는 "권위"입니다. 5계명에서 지칭하는 "부모"는 육신의 부모 뿐만 아니라 가정, 교회, 국가의 모든 관계에서 윗사람을 말합니다. 사람이 모인 곳은 윗사람과 아랫사람의 관계가 형성됩니다. 이 관계의 질서가 유지되기 위해서 권위가 필요합니다. 이 권위는 어디서 왔고 누가 이 세상에 부여해 주셨을까요? 하나님께서 창조 때 부여해 주셨습니다. 하나님께서 부여하신 권위 때문에 사회적 질서가 유지될 수 있습니다. 특별히 교회는 하나님께서 부여해주신 권위에 따라서 다양한 직분을 주셨습니다. 목사, 장로, 집사 등과 같은 직분으로 교회를 세우게 됩니다. 하나님께서 세운 직분자들은 서로 존경하고 순종하는 가운데 서로 섬겨야 합니다. 5계명을 잘 지키기 위해서 다섯 가지를 기억할 수 있어야 합니다. 첫째, 이 세상에서 최고의 권위자는 하나님이기 때문에 하나님의 모든 말씀에 순종해야 합니다. 둘째, 윗사람을 존경하고 아랫사람을 존중해야 합니다. 셋째, 가정, 사회, 국가의 모든 관계에서 윗사람은 의무를 다하고 아랫사람은 순종해야 합니다. 넷째, 교회에서 직분의 질서는 하나님께서 세우셨습니다. 다섯째, 교회에서 직분자와 성도는 서로 존경하고 존중하며 섬겨야 합니다.

2. 교회에서 서로 어떻게 교제를 해야 할까요? (소요리 67-69문)

....

....

창세기 9:6 다른 사람의 피를 흘리면 그 사람의 피도 흘릴 것이니 이는 하나님이 자기 형상대로 사람을 지으셨음이니라.

출애굽기 20:13 살인하지 말라.

마태복음 5:22 나는 너희에게 이르노니 형제에게 노하는 자마다 심판을 받게 되고 형제를 대하여 라가라 하는 자는 공회에 잡혀가게 되고 미련한 놈이라 하는 자는 지옥 불에 들어가게 되리라.

요한복음 13:34-35 새 계명을 너희에게 주노니 서로 사랑하라. 내가 너희를 사랑한것 같이 너희도 서로 사랑하라. 너희가 서로 사랑하면 이로써 모든 사람이 너희가 내 제자인줄 알리라.

6계명의 주제는 "존중"입니다. 살인을 하지 말아야 할 이유는 하나님의 형상으로 사람을 지으셨고 생명을 하나님이 주셨기 때문입니다. 6계명에서 살인은 행동으로 짓는 살인뿐만 아니라, 살인의 동기가 되는 마음까지 포함합니다. 시기와 질투, 미움과 증오를 포함합니다. 다른 사람에게 상처를 주거나 명예를 훼손하거나 비방하는 것도 6계명을 어기는 일입니다. 부정명령으로 표현된 6계명을 긍정적으로 실천하기 위한 말씀은 사랑와 존중입니다. 하나님의 형상으로 만들어진 사람의 생명은 소중하고 존귀합니다. 특별히 교회는 세상의 어떤 단체보다 하나님 안에서 서로 존중하고 섬기고 사랑해야 합니다. 6계명을 잘 지키기 위해서 여섯 가지를 잘 기억해야 합니다. 첫째, 사람은 하나님의 형상이기 때문에 존중해야 합니다. 둘째, 나이나, 인종이나, 학력이나, 재산이나, 사회적 능력으로 차별하지 않아야 합니다. 셋째, 하나님의 형상인 사람에게 인격을 모독하지 않고 상처주지 말아야 합니다. 넷째, 교회에서 성도는 서로서로 하나님의 형상으로 지음 받고 새생명을 가진 하나님의 자녀임을 믿어야 합니다. 여섯째, 하나님의 사랑 안에서 서로 존중하고 섬기고 격려하며 교제할 수 있어야 합니다.

3. 우리는 가정을 위해서 어떤 신앙을 가져야 할까요? (소요리 70-72문)

출애굽기 20:14 간음하지 말라.

창세기 1:28 하나님이 그들에게 복을 주시며 하나님이 그들에게 이르시되 생육하고 번성하여 땅에 충만하라, 땅을 정복하라, 바다의 물고기와 하늘의 새와 땅에 움직이는 모든 생물을 다스리라 하시니라.

창세기 2:24 이러므로 남자가 부모를 떠나 그의 아내와 합하여 둘이 한 몸을 이룰지로다.

7계명의 주제는 "가정"입니다. 간음은 결혼한 사람이 지을 수 있는 죄입니다.

간음을 금지한 이유는 가정을 보호하기 위해서입니다. 가정은 하나님께서 세우셨습니다. 남자와 여자가 인간적인 동의로 결혼해서 가정을 이룬 것이 아닙니다. 결혼은 하나님께서 짝지워 주셔서 이루어졌습니다. 가정의 주인은 사람이 아니라 하나님입니다. 남자와 여자의 성적인 관계는 오직 가정 안에서만 허용됩니다. 성은 가정을 이루기 전까지 순결하게 보존해야 하고 가정을 이룬 후에도 다른 이성과 사랑을 나눌 수 없습니다. 결혼 전에 혼전 동거나 성적 경험을 경계해야 합니다. 이성이 아닌 동성 간의 왜곡된 사랑도 조심해야 합니다. 이렇게 성적인 순결을 지켜야 하는 중요한 이유는 생명을 잉태하고 양육하기 위해서입니다. 가정은 "생육하고 번성하여 땅에 충만하라."는 창조명령을 실천하고 하나님 나라를 이루기 위한 하나님의 계획입니다. 특별히 7계명을 실천하기 위해서 다섯 가지를 기억할 수 있어야 합니다. 첫째, 결혼하기 전이나, 결혼한 후에도 성적인 순결을 지킬 수 있어야 합니다. 둘째, 배우자에 대한 의무를 다하고 사랑해야 합니다. 셋째, 가정의 주인은 하나님이심을 고백해야 합니다. 네째, 하나님께서 맡겨주신 자녀를 건강하게 양육하기 위해서 말씀을 가르치며 영적인 양육에도 힘을 써야 합니다. 다섯째, 온 가정이 함께 예배에 힘을 써야 합니다.

• •

기억하기 📝

1. 5계명은 "권위"에 관한 말씀으로서 교회의 직분자와 성도는 서로 순종과 존중으로 교회를 세워나가야 할 것을 가르치고 있습니다.

2. 6계명은 "존중"에 관한 말씀으로서 교회에서 성도는 예수님의 몸 된 지체이기 때문에 상처를 주지 말고 서로 존중하고 사랑하고 섬길 것을 가르치고 있습니다.

3. 7계명은 "가정"에 관한 말씀으로서 성도는 성적인 순결을 지키고 가정을 이루어 자녀를 하나님 안에서 말씀으로 양육하고 가정을 온전하게 세울 것을 가르칩니다.

소요리문답 읽기 💬

1. 교회에서 직분을 나눈 이유는 무엇인가요?

63문: 제5계명이 무엇입니까?

답: 제5계명은 "네 부모를 공경하라. 그리하면 너의 하나님 나 여호와가 네게 준 땅에서 네 생명이 길리라" 하신 것입니다.

64문: 제5계명이 명하는 것은 무엇입니까?

답: 제5계명이 명하는 것은 윗사람과 아랫사람, 그리고 동료와 같은, 각각의 여러 지위와 인륜人倫 관계에서 각 사람의 명예를 존중하고 각 사람에 대한 의무를 수행하라는 것입니다.

65문: 제5계명이 금하는 것은 무엇입니까?

답: 제5계명이 금하는 것은 각각의 여러 지위와 인륜 관계에서 각 사람

의 명예를 존중하지 않고, 각 사람에 대한 의무 수행하기를 소홀히
하거나 거스르는 것입니다.

66문: 제5계명을 지킬 이유로 이어서 말씀하신 것은 무엇입니까?
답: 제5계명을 지킬 이유로 이어서 말씀하신 것은 이 계명을 지키는 모
든 사람이 장수하고 번영하리라는 약속입니다. 다만 하나님께 영광
이 되고 그들에게 선이 되는 한, 그렇습니다.

2. 교회에서 서로 어떻게 교제를 해야 할까요?

67문: 제6계명이 무엇입니까?
답: 제6계명은 "살인하지 말지니라" 하신 것입니다.

68문: 제6계명이 명하는 것은 무엇입니까?
답: 제6계명이 명하는 것은 모든 정당한 노력을 기울여 자기 자신의 생
명과 다른 사람의 생명을 보존하라는 것입니다.

69문: 제6계명이 금하는 것은 무엇입니까?
답: 제6계명이 금하는 것은 자기 자신의 생명이나 이웃의 생명을 불의하
게 빼앗거나 죽음으로 이끄는 모든 것입니다.

3. 우리는 가정을 위해서 어떤 신앙을 가져야 할까요?

70문: 제7계명이 무엇입니까?

답: 제7계명은 "간음하지 말지니라" 하신 것입니다.

71문: 제7계명이 명하는 것은 무엇입니까?

답: 제7계명이 명하는 것은 마음과 말과 행동에서 자기 자신의 정조貞操와 이웃의 성적 순결을 보존하라는 것입니다.

72문: 제7계명이 금하는 것은 무엇입니까?

답: 제7계명이 금하는 것은 모든 부정不貞한 생각과 말과 행동입니다.

기도하기

하나님 아버지, 우리를 예수님의 몸된 지체로 교회를 이루게 하심을 감사드립니다. 하나님께서 교회에 세우신 직분의 질서를 잘 따르고, 교회 안에서 사랑 가운데 교제하며, 가정을 믿음 안에서 세울 수 있게 도와 주시옵소서. 우리가 교회에서 한 몸으로 살아갈 때, 믿음 안에서 성장해 갈 수 있도록 인도해 주시옵소서.

교회생활_
헌금, 전도, 성장

지금 하나님께서 나에게 허락한 삶의 환경 가운데서 가장 감사할 부분이 있다
면 무엇인지 나누어 봅시다.

주제소개 🎤

성경은 두 가지 내용으로 나누어집니다. 복음과 실천입니다. 복음은 하나님에
관하여 믿어야 할 지식입니다. 실천은 하나님께서 요구하시는 법과 계명입니
다. 8주차는 실천에 관한 내용으로서 재물에 대한 사용과 복음 증거에 관한 내
용과 믿음의 성장에 관하여 순종해야 할 말씀을 소개합니다.

1. 우리는 재물을 어떻게 사용해야 하나요? (소요리 73-75문)

출애굽기 20:15 도둑질하지 말라.

역대상 29:14 나와 내 백성이 무엇이기에 이처럼 즐거운 마음으로 드릴 힘이 있었나이까 모든 것이 주께로 말미암았사오니 우리가 주의 손에서 받은 것으로 주께 드렸을 뿐이니이다.

사도행전 2:44-45 믿는 사람이 다 함께 있어 모든 물건을 서로 통용하고 또 재산과 소유를 팔아 각 사람의 필요를 따라 나눠 주며

8계명의 주제는 "성실"입니다. 도둑질은 다른 사람의 수고를 빼앗는 죄입니다. 왜 이런 죄를 지을까요? 자신의 소유물에 만족하지 못하기 때문입니다. 도둑질을 하지 않는 방법은 두 가지입니다. 첫째, 어떤 형편이든지 자족할 수 있어야 합니다. 둘째, 어떤 일이든지 하나님의 부르심으로 믿고 성실하게 일하는 것입니다. 그러면 도둑질 하지 않고 자족하는 마음으로 성실하게 일해서 얻은 재물은 나의 것일까요? 나의 것이 아니라, 하나님의 소유입니다. 왜냐하면 일할 수 있는 힘과 능력을 하나님께서 주셨기 때문입니다. 하나님께서 나에게 주신 능력으로 얻은 열매는 모두 하나님의 것입니다. 단지 우리에게 잠시 동안 맡겨주신 것입니다. 그래서 모든 헌금의 기본 정신은 '나에게 속한 모든 것은 하나님의 소유'라는 고백에 있습니다. 특별히 8계명을 잘 지키기 위해

서 다섯 가지를 기억해야 합니다. 첫째, 모든 직업은 하나님의 부르심이기 때문에 성실하게 최선을 다해 일해야 합니다. 둘째, 일해서 얻은 재물은 나의 것이 아니라 하나님이 주신 것이라고 고백할 수 있어야 합니다. 셋째, 일해서 얻은 재물에 대해서 자족하고 감사해야 합니다. 네째, 하나님께서 허락하신 재물을 하나님의 뜻대로 우선순위를 두고 사용해야 합니다. 다섯째, 하나님께서 허락한 재물은 가장 먼저 하나님께 감사의 고백으로 드리고 그 후에 자신과 가정과 사회를 위해서 사용해야 합니다.

2. 우리는 왜 복음을 증거해야 하나요? (소요리 76-78문)

출애굽기 20:16 네 이웃에 대하여 거짓 증거하지 말라.
사무엘상 15:29 이스라엘의 지존자는 거짓이나 변개함이 없으시니
에베소서 4:25 그런즉 거짓을 버리고 각각 그 이웃과 더불어 참된 것을 말하라.
사도행전 1:8 오직 성령이 너희에게 임하시면 너희가 권능을 받고 예루살렘과 온 유대와 사마리아와 땅 끝까지 이르러 내 증인이 되리라 하시니라.

9계명의 주제는 "진실"입니다. 9계명에서 '증거'라는 단어는 재판의 상황에서 사용되었습니다. 구약 시대는 재판에서 증언이 중요했습니다. 진실한 말에 따라서 유죄나 무죄가 결정되었습니다. 진실한 말은 사람을 살릴 수 있지만 거

짓말은 사람의 생명까지도 위태롭게 합니다. 거짓 증언뿐만 아니라 성경은 모든 거짓을 정죄하고 있습니다. 왜냐하면, 하나님은 진실하신 분이시고 어떤 거짓도 없기 때문입니다. 거짓은 사단에게 속한 것입니다. 사단은 거짓말하는 자입니다. 하나님은 진실한 분입니다. 약속한 말씀은 반드시 이루십니다. 우리가 진실한 말을 해야 하는 이유는 하나님께서 진실하기 때문입니다. 그러면 세상에서 가장 진실하고 참된 말은 무엇일까요? 하나님의 진노와 심판 아래 있는 사람을 살리는 말은 무엇일까요? 하나님의 말씀입니다. 하나님의 말씀은 심판을 받아 죽을 수 밖에 없는 사람을 살립니다. 참된 행복의 길로 인도합니다. 9계명을 잘 지키기 위해서 다섯 가지를 기억할 수 있어야 합니다. 첫째, 하나님은 진실한 분이심을 믿어야 합니다. 둘째, 거짓말을 하지 말고 진실한 말로 참된 것을 말해야 합니다. 셋째, 다른 사람에게 진실해야 하고 이웃의 명예를 존중할 수 있어야 합니다. 넷째, 이웃을 살리는 최고의 진실한 증언은 복음입니다. 다섯째, 복음의 증거는 이웃을 살리는 최고의 증언이기 때문에 복음 증거에 힘을 써야 합니다.

3. 우리는 믿음의 성장을 위해서 어떤 마음을 가져야 하나요? (소요리 79-84문)

....

....

출애굽기 20:17 네 이웃의 집을 탐내지 말라.

디모데전서 6:6-8 그러나 자족하는 마음이 있으면 경건은 큰 이익이 되느니라 우리가 세상에 아무 것도 가지고 온 것이 없으매 또한 아무 것도 가지고 가지 못하리니 우리가 먹을 것과 입을 것이 있은즉 족한 줄로 알 것이니라.

빌립보서 4:6-7 아무 것도 염려하지 말고 다만 모든 일에 기도와 간구로, 너희 구할 것을 감사함으로 하나님께 아뢰라 그리하면 모든 지각에 뛰어난 하나님의 평강이 그리스도 예수 안에서 너희 마음과 생각을 지키시리라.

10계명의 주제는 "감사"입니다. 10계명에서 탐심은 다른 사람에게 속한 것을 가지고 싶은 마음입니다. 탐심이 생기는 이유는 무엇일까요? 나에게 있는 것을 보지 않고 다른 사람에게 있는 것만 보기 때문입니다. 탐심은 아직 행동으로 드러나지 않은 마음의 죄입니다. 10계명은 마음에서 생기는 죄에 관한 말씀입니다. 하나님은 눈에 보이는 죄뿐만 아니라, 눈에 보이지 않는 마음의 죄까지 보십니다. 탐심뿐만 아니라, 마음에서 생기는 미움과 시기와 질투와 같은 부정적인 마음도 죄가 된다는 진리를 가르쳐 줍니다. 하나님은 마음을 보시는 분이기 때문에 하나님 앞에서 스스로 의롭다고 할 수 있는 사람은 이 세상에 아무도 없습니다. 하나님은 우리의 마음까지 거룩하기를 원하십니다. 우리가 하나님의 온전한 통치를 받을 때 탐심과 욕심, 미움과 시기와 같은 죄를 이기고 기쁘게 하나님의 법을 순종할 수 있게 됩니다. 하나님에 대한 온전한 믿음은 마음의 거룩에서 시작됩니다. 열 번째 계명을 잘 지키기 위해서 다섯 가지를 기억해야 합니다. 첫째, 하나님은 마음의 죄까지 보신다는 사실을 기억해야 합니다. 둘째, 탐심을 이기는 방법은 감사입니다. 셋째, 항상 감사한 마음을 가지기 위해서 말씀과 기도에 힘을 써야 합니다. 넷째, 마음의 죄를 깨달을 때마다 회개해야 합니다. 다섯째, 예수 그리스도의 죄 사함과 의롭게 하심을 믿어야 합니다.

• •

1. 우리는 재물을 어떻게 사용해야 하나요?

73문: 제8계명이 무엇입니까?
답: 제8계명은 "도둑질하지 말지니라" 하신 것입니다.

74문: 제8계명이 명하는 것은 무엇입니까?
답: 제8계명이 명하는 것은 자기 자신이나 다른 사람의 부와 재산을 합법하게 얻고 증진시키라는 것입니다.

75문: 제8계명이 금하는 것은 무엇입니까?
답: 제8계명이 금하는 것은 자기 자신이나 이웃의 부와 재산에 부당하게 손해를 끼치거나 손해 끼칠 만한 일을 하는 것입니다.

2. 우리는 왜 복음을 증거해야 하나요?

76문: 제9계명이 무엇입니까?
답: 제9계명은 "네 이웃에 대하여 거짓 증거 하지 말지니라" 하신 것입니다.

77문: 제9계명이 명하는 것은 무엇입니까?
답: 제9계명이 명하는 것은 사람 사이의 진실함과 자기 자신과 이웃의 명예를 유지하고 증진시키라는 것이고, 특별히 증언할 때에 그리하라는 것입니다.

78문: 제9계명이 금하는 것은 무엇입니까?

답: 제9계명이 금하는 것은 무엇이든지 진실함을 손상하는 것과 자기 자신과 이웃의 명예를 훼손하는 것입니다.

3. 우리는 믿음의 성장을 위해서 어떤 마음을 가져야 하나요? (소요리 79-84문)

79문: 제10계명이 무엇입니까?

답: 제10계명은 "네 이웃의 집을 탐내지 말지니라. 네 이웃의 아내나 그의 남종이나 그의 여종이나 그의 소나 그의 나귀나 무릇 네 이웃의 소유를 탐내지 말지니라" 하신 것입니다.

80문: 제10계명이 명하는 것은 무엇입니까?

답: 제10계명이 명하는 것은 자기 자신의 처지에 온전히 만족하며, 우리 이웃과 그의 모든 소유에 대하여 정당하고 잘되기 바라는 심정을 가지라는 것입니다.

81문: 제10계명이 금하는 것은 무엇입니까?

답: 제10계명이 금하는 것은 자기 자신의 처지를 조금이라도 불만스러워 하고 이웃의 잘됨을 시기하고 원통하게 여기고, 이웃의 것에 대하여 조금이라도 부당한 마음과 욕심을 품는 것입니다.

82문: 하나님의 계명을 완전히 지킬 수 있는 사람이 있습니까?

답: 타락한 이후 한낱 사람으로서는 이 세상에 살 동안에 하나님의 계명들을 완전히 지킬 수 없고, 오히려 생각과 말과 행위로 날마다 범합니다.

83문: 법을 어기는 죄가 모두 똑같이 악합니까?

답: 어떤 죄는 그 자체로서 그리고 거기서 파생된 해악으로 말미암아 하나님 앞에서 다른 죄보다 더 악합니다.

84문: 모든 죄마다 마땅히 받아야 할 보응이 무엇입니까?

답: 모든 죄마다 마땅히 받아야 할 보응은 이 세상과 오는 세상에서 하나님의 진노와 저주를 받는 것입니다.

기억하기 📝

1. 8계명은 "성실"에 관한 말씀으로서 도둑질 하지 않기 위해 자족하고 성실하게 일해야 하며, 나에게 주신 모든 열매를 사용할 때 하나님께 먼저 드리고 자신과 가정과 사회를 위해 사용해야 합니다.
2. 9계명은 "진실"에 관한 말씀으로서 거짓말을 하지 말고 항상 참되고 진실한 말과 행동에 힘써야 하며, 사람을 살리는 최고의 진실한 말인 복음을 증거하기에 힘써야 합니다.
3. 10계명은 "감사"에 관한 말씀으로서 하나님은 마음의 죄까지 보시는 분이심을 깨닫고, 마음의 경건을 위해서 항상 하나님과 사람 앞에서 감사의 고백에 힘을 써야 합니다.

하나님 아버지, 우리를 예수님의 몸된 지체로 교회를 이루게 하심을 감사드립니다. 하나님께서 우리에게 일할 수 있는 능력과 힘을 주셔서 감사드립니다. 하나님께서 일할 능력으로 주신 열매를 하나님 앞에 먼저 드림으로 물질의 주인되심을 고백하겠습니다. 또한 항상 말과 행동에 거짓없이 진실한 마음으로 교회와 사회를 섬기고 말씀을 증거하며 살겠습니다. 또한 마음속까지 살피시는 하나님 앞에서 항상 감사의 찬양을 올려드리고 하나님께서 허락하신 교회의 지체들에게 감사의 고백으로 섬기겠습니다.

9주차

경건생활_
말씀, 성례, 기도

마음열기 ♥

지난 주일날 선포된 말씀의 주제와 내용이 무엇이었는지 기억나는 대로 나누어 봅시다.

주제소개 🎤

성경은 두 가지 내용으로 나누어집니다. 복음과 실천입니다. 복음은 하나님에 관하여 믿어야 할 지식입니다. 실천은 하나님께서 요구하시는 법과 계명입니다. 6주차에서 8주차는 하나님의 자녀로서 지켜야 하는 계명이었습니다. 하지만 세례를 받고 예수님을 믿더라도 한 번에 십계명을 모두 지키고 완전해질 수 없습니다. 그래서 하나님은 우리에게 구원의 유익을 얻기 위한 은혜의 외적 방편을 알려주셨습니다. 그것은 말씀과 성례와 기도입니다. 이 세 가지 방편을 부지런히 사용하여 예수 그리스도를 믿고 생명에 이르는 회개로 구원을 이루어가야 합니다. 9주차는 이 은혜의 방편들을 어떻게 사용할지, 즉 말씀을 배우는 방법과 성례가 무엇인지와 기도의 방법에 대해서 소개합니다.

교리공부 ✏️ • • • • • • • • • • • • • • • • •

1. 우리는 말씀을 어떻게 듣고 읽어야 할까요? (소요리 85-90문)

요한일서 1:10 만일 우리가 범죄하지 아니하였다 하면 하나님을 거짓말하는 자로 만드는 것이니 또한 그의 말씀이 우리 속에 있지 아니하니라.
이사야 55:3 너희는 귀를 기울이고 내게 나아와 들으라. 그리하면 너희 영혼이 살리라.
시편 19:7 여호와의 율법은 완전하여 영혼을 소성케 하고

우리가 세례를 받았다고 해서 자동으로 십계명을 지킬 수 있게 되는 것은 아닙니다. 왜 일까요? 믿음으로 구원을 받았지만, 죄의 성향은 여전히 남아 있기 때문입니다. 그러면 어떻게 해야 우리는 이전과 다르게 죄를 멀리하고 하나님께 순종하는 삶을 살 수 있을까요? 그것은 말씀을 통해서 가능합니다. 말씀을

부지런히 읽고 배워야 합니다. 특히 공적 예배의 설교 시간에 선포되는 말씀을 위해서 기도로 준비해야 하고, 선포된 말씀을 온전하게 믿어야 하며, 믿은 말씀을 묵상하고 순종하기 위해서 애써야 합니다. 성령님은 반드시 말씀을 통해서 역사합니다. 우리의 죄를 깨닫게 하시고 회개할 마음을 주시고 예수 그리스도를 믿는 믿음을 굳게 하셔서 은혜를 주십니다. 말씀을 바르게 배울 때, 점점 죄를 멀리하고 거룩을 사모할 수 있게 됩니다. 말씀을 가까이할수록 우리의 영혼은 살아납니다.

2. 우리는 성례에 어떻게 참여해야 하나요? (소요리 91-97문)

....

....

성례는 거룩한 예식이라는 뜻으로, '눈에 보이는 말씀'이라고도 합니다. 기독교의 성례는 세례와 성찬이 있습니다. 성례는 하나님의 말씀을 눈에 보이는 형식으로 전달하기 때문에 사람들이 쉽게 이해하고 분명하게 선언하는 은혜의 표지입니다. 성례는 보고 느끼면서 복음의 약속을 확인하고, 보증받는 것입니다. 하나님은 우리에게 값없이 주신 복음의 은혜를 성례를 통해 확증하며 더욱 강화시켜 주십니다.

1) 세례

로마서 6:4 그러므로 우리가 그의 죽으심과 합하여 세례를 받음으로 그와 함께 장사되었나니 이는 아버지의 영광으로 말미암아 그리스도를 죽은 자 가운데서 살리심과 같이 우리로 또한 새 생명 가운데서 행하게 하려 함이라

갈라디아서 3:27 누구든지 그리스도와 합하기 위하여 세례를 받은 자는 그리스도로 옷 입었느니라

골로새서 2:12 너희가 세례로 그리스도와 함께 장사되고 또 죽은 자들 가운데서 그를 일으키신 하나님의 역사를 믿음으로 말미암아 그 안에서 함께 일으키심을 받았느니라

세례는 교회의 정식회원으로 인정되는 중요한 예식입니다. 세례(洗禮)는 물로 씻는 예식이라는 뜻으로 우리의 모든 죄를 예수님의 피로 씻고 용서를 받았다는 것을 보여 주며 성부와 성자와 성령의 이름으로 시행됩니다. 세례는 타락한 본성이 하나님을 사랑하는 마음으로 새롭게 거듭나서 옛 사람은 죽고 그리스도와 연합하여 새 사람이 되었다는 것을 확증하고 표시하는 예식입니다. 그래서 세례식은 세례를 받는 성도 뿐만 아니라 교회에 속한 모든 성도들에게 중요한 은혜의 자리입니다. 하나님 자녀에게 약속하신 모든 언약의 복을 다시 한번 확신시켜 주기 때문에 세례식이 있을 때 교회가 미리 기도로 준비하고 참여해야 합니다.

2) 성찬

마태복음 26:26-28 그들이 먹을 때에 예수께서 떡을 가지사 축복하시고 떼어 제자들에게 주시며 이르시되 받아서 먹으라 이것은 내 몸이니라 하시고 또 잔을 가지사 감사 기도 하시고 그들에게 주시며 이르시되 너희가 다 이것을 마시라 이것은 죄 사함을 얻게 하려고 많은 사람을 위하여 흘리

는 바 나의 피 곧 언약의 피니라

고린도전서 10:16 우리가 축복하는 바 축복의 잔은 그리스도의 피에 참여함이 아니며 우리가 떼는 떡은 그리스도의 몸에 참여함이 아니냐

고린도전서 11:26 너희가 이 떡을 먹으며 이 잔을 마실 때마다 주의 죽으심을 그가 오실 때까지 전하는 것이니라

성찬식은 예수님의 죽으심을 기념하는 예식입니다. 떡을 떼어 나누면서 나를 위해서 몸을 찢으신 은혜를 기념합니다. 잔을 나누면서 나를 위해 흘리신 피를 기념합니다. 성찬에 반드시 참여해야 하는 이유는 '눈에 보이는 말씀'으로서 예수님의 살과 피에 영적으로 참여해, 교회 안에서 한 몸으로 성장하기 위해서입니다. 성찬식은 세례를 받은 교회의 정식회원들만 참여하는 예식입니다. 세례는 평생 한번 받으면 되지만, 성찬은 반복적으로 참여해야 합니다. 세례가 언약에 대한 표와 인침이라면, 성찬은 언약의 보존이라고 할 수 있습니다. 성찬은 언약을 지속적으로 기억하고 새롭게 하는 은혜의 통로입니다. 그래서 성찬은 예수님이 오실 때까지 계속해야 하며, 계속해서 참여하는 성찬으로 우리는 세상의 유혹과 시험을 이기고 굳건한 믿음을 가지게 됩니다. 그래서 세례를 받은 사람은 성찬에 반드시 참여해야 합니다.

3. 우리는 어떻게 기도해야 하나요? (소요리 98-107문)

하나님은 우리에게 기도하는 방법을 친히 가르쳐 주셨습니다. 왜냐하면 사람은 자신의 욕망에 따라 잘못된 기도를 할 수 있기 때문입니다. 예수님도 마태복음 6장 1-6절에서 주기도문을 가르쳐 주시기 전에 잘못된 기도를 말씀해 주셨습니다. 기도는 동화에 나오는 마법지팡이처럼 나의 욕망을 이루는 수단이 아닙니다. 기도는 우리에게 요구하시는 하나님의 법과 계명을 잘 지키는지 돌아보며 죄를 회개하고 하나님께서 우리에게 베풀어 주신 복에 감사하며, 우리의 소원에 관하여 예수 그리스도의 중보의 혜택을 누리기 위한 은혜의 방편입니다. 기도의 시작은 "하나님 아버지"로 시작해서, "예수 그리스도의 이름으로 기도 드렸습니다."로 끝이 납니다. 주기도문은 두 가지 내용으로 되어 있습니다. 하나님을 위한 기도와 우리를 위한 기도입니다.

1) 하나님을 위한 기도는 어떻게 하나요?

> **로마서 8:15** 너희는 다시 무서워하는 종의 영을 받지 아니하였고 양자의 영을 받았으므로 아바 아버지라 부르짖느니라
>
> **마태복음 6:9** 그러므로 너희는 이렇게 기도하라 하늘에 계신 우리 아버지여 이름이 거룩히 여김을 받으시오며
>
> **마태복음 6:10** 나라가 임하시오며 뜻이 하늘에서 이루어진 것 같이 땅에서도 이루어지이다

주기도문에서 하나님을 위한 기도는 네 가지로 구성이 됩니다. 첫째는 '하늘에 계신 우리 아버지여'입니다. 우리 기도의 대상이신 하나님이 '하늘에 계신다'는 것은 공간적인 의미가 아니라 비유적인 의미로 전지전능하시고 창조주라는 뜻입니다. 하나님은 언제나 우리의 기도를 들으시고 응답할 수 있는 나

의 아버지입니다. 둘째는 '이름이 거룩히 여김을 받으시오며'입니다. '이름'은 곧 하나님의 존재와 사역을 말합니다. 우리가 가장 먼저 구해야 하는 간구는 하나님의 존재와 사역이 온 세상에 알려지고 영광받으시기를 기도해야 합니다. 셋째는 '나라가 임하옵시며'입니다. 이것은 하나님의 통치가 이 땅에 온전하게 이루어지기를 소망하는 기도입니다. 넷째는 '뜻이 하늘에서 이루어진 것 같이 땅에서도 이루어지이다'입니다. 이것은 하나님의 뜻이 드러나 있는 하나님의 말씀에 성도들뿐만 아니라, 모든 사람이 순종하게 되기를 바라는 기도입니다.

2) 우리의 필요를 위하는 기도는 어떻게 하나요?

> **마태복음 6:11** 오늘 우리에게 일용할 양식을 주시옵고
> **마태복음 6:12** 우리가 우리에게 죄 지은 자를 사하여 준 것 같이 우리 죄를 사하여 주시옵고
> **마태복음 6:13** 우리를 시험에 들게 하지 마시옵고 다만 악에서 구하시옵소서 (나라와 권세와 영광이 아버지께 영원히 있사옵나이다 아멘)

주기도문에서 우리를 위한 기도는 네 가지입니다. 첫째는 '일용할 양식을 주시옵고'입니다. 하나님은 우리를 지으신 아버지이시기 때문에 매일 매일 생활에 필요한 모든 것을 공급하실 수 있는 분이심을 믿고 기도해야 합니다. 둘째는 '우리 죄를 사하여 주옵시고'입니다. 이 기도는 하나님과 바른 관계를 위한 기도입니다. 하나님은 죄를 싫어합니다. 우리에게 거룩한 삶을 원하십니다. 매일 하나님 앞에 회개하고 거룩을 회복할 때 사람들과 관계에서 용서하며 거룩한 삶을 살 수 있습니다. 셋째는 '악에서 구하시옵소서'입니다. 이 세상은 우

리를 유혹하고 시험합니다. 그러나 세례를 받은 자는 예수님과 연합되어 있습니다. 우리는 다시 사단의 종이 될 수 없지만, 시험과 유혹이 올 때 우리의 연약을 깨닫고 더욱 열심히 하나님 안에 거하고 보호받기를 기도해야 합니다. 네 번째는 '나라와 권세와 영광이 아버지께 영원히 있사옵나이다 아멘'입니다. 이것은 주기도문의 맺음말로서 모든 기도를 하나님이 듣고 계시며 반드시 이루신다는 하나님의 전능하심에 대한 고백이며 찬양입니다.

기억하기 📔

1. 하나님은 우리에게 구원의 유익을 얻기 위한 은혜의 외적 방편으로서 말씀과 성례와 기도를 주셨습니다.
2. 말씀이 우리에게 구원의 유익을 끼치기 위해서 성경을 부지런히 읽고 특히 설교 말씀에 집중하고 마음에 간직하며 생활에 실천하도록 힘써야 합니다.
3. 성례(세례와 성찬)은 구원의 유익을 끼치는 '눈에 보이는 말씀'으로서 복음의 약속을 보증하고 확증하기에 반드시 참여해야 합니다.
4. 기도는 우리에게 요구하시는 하나님의 법과 계명을 잘 지키는지 돌아보며 죄를 회개하고 하나님께서 우리에게 베풀어 주신 복에 감사하며, 우리의 소원에 관하여 예수 그리스도의 중보의 혜택을 누리기 위한 은혜의 방편입니다.

소요리문답 읽기 💬

1. 우리는 말씀을 어떻게 듣고 읽어야 할까요?

85문: 우리의 죄로 말미암아 마땅히 받아야 할 하나님의 진노와 저주를 피하게 하시려고 하나님께서 우리에게 요구하시는 것은 무엇입니까?

답: 우리의 죄로 말미암아 마땅히 받아야 할 하나님의 진노와 저주를 피하게 하시려고 하나님께서 우리에게 요구하시는 것은 예수 그리스도를 믿고, 생명에 이르는 회개를 하며, 우리에게 구속의 은덕 恩德을 끼쳐 주시려고 그리스도께서 쓰시는 모든 방도 方途를 부지런히 사용하는 것입니다.

86문: 예수 그리스도를 믿는 믿음이 무엇입니까?

답: 예수 그리스도를 믿는 믿음은 구원의 은혜이고, 이로써 우리는 구원을 얻으려고 복음이 전하는 예수 그리스도를 영접하고 그분만을 의지합니다.

87문: 생명에 이르는 회개가 무엇입니까?

답: 생명에 이르는 회개는 구원의 은혜이고, 이로써 죄인이 자기 죄를 바로 알고, 그리스도 안에 있는 하나님의 자비를 깨달아, 자기 죄를 슬퍼하고 미워하고, 그 죄에서 떠나 하나님께로 돌아가고 굳은 결심과 노력으로 새롭게 순종합니다.

88문: 그리스도께서 우리에게 구속의 은덕을 끼치는 데 쓰시는 통상적인 방도는 무엇입니까?

답: 그리스도께서 우리에게 구속의 은덕을 끼치는 데 쓰시는 통상적인 방도는 그분이 정하신 것인데, 특히 말씀과 성례와 기도입니다. 이 모든 것이 택함 받은 사람들에게 구원을 위하여 효력 있게 됩니다.

89문: 말씀이 어떻게 구원을 위하여 효력 있게 됩니까?

답: 하나님의 성신께서 말씀의 낭독, 특별히 강설을 효력 있는 방도로 쓰셔서 죄인을 설복하고 회개시키며, 거룩함과 위로로 그들을 세워서 믿음으로 구원에 이르게 합니다.

90문: 하나님의 말씀을 어떻게 읽고 들어야 그것이 구원을 위하여 효력 있게 됩니까?

답: 하나님의 말씀이 구원을 위하여 효력 있게 되려면 우리는 부지런함과 준비와 기도로써 말씀에 집중하며, 그 말씀을 믿음과 사랑으로 받아들이고, 우리의 마음에 간직하고, 우리의 생활에서 실천해야 합니다.

2. 우리는 성례에 어떻게 참여해야 하나요?

91문: 성례가 어떻게 효력 있는 구원의 방도가 됩니까?

답: 성례가 효력 있는 구원의 방도가 되는 것은 성례 자체에나 성례를 행하는 사람에게 어떤 덕이 있어서가 아니고, 오직 그리스도의 복 주심과 믿음으로 성례를 받는 사람 속에서 그리스도의 성신께서 일하심으로 됩니다.

92문: 성례가 무엇입니까?

답: 성례는 그리스도께서 세우신 거룩한 예식이고, 이 예식 가운데 그리스도와 새 언약의 유익이 눈에 보이는 표로써 믿는 사람에게 표시되고 인 쳐지며 적용됩니다.

93문: 신약의 성례가 어느 것입니까?

답: 신약의 성례는 세례와 성찬입니다.

1) 세례

94문: 세례가 무엇입니까?

답: 세례는 성부와 성자와 성신의 이름 안으로 연합시키는 물로 씻는 성례입니다. 세례는 우리가 그리스도에게 접붙여짐과 은혜 언약의 유익에 참여함과 주님의 것이 되기로 약속함을 표시하고 인 칩니다.

95문: 세례는 어떤 사람에게 베풉니까?

답: 세례는 보이는 교회 밖에 있는 사람에게 베풀지 않고, 누구든지 그리스도를 믿고 주님께 순종하겠다고 고백할 때에 비로소 베풀며, 보이는 교회의 회원의 유아들이 받습니다.

2) 성찬

96문: 주님의 성찬이 무엇입니까?

답: 주님의 성찬은 그리스도께서 정하신 대로 떡과 포도주를 주고 받음

으로써 그의 죽으심을 나타내 보이는 성례입니다. 주님의 성찬을 합당하게 받는 사람은 물질적이고 육신적인 태도가 아니라 믿음으로 받고 그리스도의 몸과 피에 참여하여서 주님의 모든 유익을 받고, 신령한 양식을 먹고 은혜 안에서 장성합니다.

97문: 주님의 성찬을 합당하게 받으려면 어떻게 하여야 합니까?

답: 주님의 성찬에 합당하게 참여하려는 사람은 주님의 몸을 분별하는 지식이 있는지, 주님을 양식으로 삼는 믿음이 있는지, 회개와 사랑과 새로운 순종이 있는지 스스로 살펴야 합니다. 그렇지 아니하면 합당치 않게 나아옴으로 자기에게 임할 심판을 먹고 마시게 됩니다.

3. 우리는 어떻게 기도해야 하나요?

98문: 기도가 무엇입니까?

답: 기도는 그리스도의 이름으로 우리의 소원을 하나님께 올리는 것인데, 그분의 뜻에 맞는 것을 구하고, 우리의 죄를 고백하고 그분의 자비하심을 깨달아서 감사하는 것입니다.

99문: 우리의 기도를 지도하시려고 하나님께서 우리에게 주신 법칙은 무엇입니까?

답: 하나님의 모든 말씀이 우리의 기도를 지도하기에 유용합니다. 다만 특별한 법칙은 그리스도께서 제자들에게 가르쳐 주신 기도, 곧 일반적으로 '주님께서 가르치신 기도'라 부르는 것입니다.

1) 하나님을 위한 기도는 어떻게 하나요?

100문: 주님께서 가르치신 기도의 머리말이 우리에게 가르치는 것은 무엇입니까?

답: "하늘에 계신 우리 아버지"라는 기도의 머리말은, 자녀들이 아버지에게 나아가듯이 우리로 하여금 모든 거룩한 공경심과 확신을 가지고 도와줄 능력과 마음이 있는 하나님께 나아갈 것을 가르칩니다. 또한 우리가 다른 사람과 함께 기도하고 다른 사람을 위하여 기도할 것을 가르칩니다.

101문: 첫째 간구로 우리는 무엇을 구합니까?

답: "이름이 거룩히 여김을 받으시옵소서"라는 첫째 간구로 우리는 하나님께서 자기를 알리시는 모든 일에서 우리와 다른 사람으로 하여금 하나님을 영화롭게 하도록 하시고, 하나님께서 모든 것을 자기의 영광만을 위하여 친히 처리하여 주시기를 구합니다.

102문: 둘째 간구로 우리는 무엇을 구합니까?

답: "나라이 임하옵소서"라는 둘째 간구로 우리는 사탄의 나라가 멸망하고, 은혜의 나라가 흥왕하여서 우리와 다른 사람들이 거기 들어가 지켜 주심을 받고, 영광의 나라가 속히 오게 하여 주시기를 구합니다.

103문: 셋째 간구로 우리는 무엇을 구합니까?

답: "뜻이 하늘에서 이룬 것같이 땅에서도 이루어지이다"라는 셋째 간구로 우리는 하나님께서 은혜를 베풀어 주셔서 우리로 하여금 기꺼운

마음으로, 하늘에서 천사들이 하듯이, 모든 일에서 주님의 뜻을 알고 순종하고 열복悅服하게 하여 주시기를 구합니다.

2) 우리의 필요를 위한 기도는 어떻게 하나요?

104문: 넷째 간구로 우리는 무엇을 구합니까?
답: "오늘날 우리에게 일용할 양식을 주옵소서"라는 넷째 간구로 우리는 이생의 좋은 것들 가운데서 충분한 분깃을 하나님의 값없이 주시는 선물로 받고, 그와 아울러 하나님의 복 주심 누리기를 구합니다.

105문: 다섯째 간구로 우리는 무엇을 구합니까?
답: "우리가 우리에게 죄지은 자를 사하여 준 것같이 우리의 죄를 사하여 주옵소서"라는 다섯째 간구로 우리는 하나님께서 그리스도를 보시고 우리의 모든 죄를 값없이 용서하여 주시기를 구합니다. 주님의 은혜로 말미암아 우리가 다른 사람들을 진심으로 용서할 수 있기 때문에 더욱 담대히 그렇게 구할 수 있습니다.

106문: 여섯째 간구로 우리는 무엇을 구합니까?
답: "우리를 시험에 들지 말게 하옵시며 다만 악에서 구하옵소서"라는 여섯째 간구로 우리는 하나님께서 우리를 지켜 주셔서 우리가 죄에 이르는 시험을 당하지 않게 하시고, 시험을 당할 때에는 우리를 붙드시고 구원하여 주시기를 구합니다.

107문: 주님께서 가르치신 기도의 맺음말은 우리에게 무엇을 가르칩니까?

답: "대개 나라와 권세와 영광이 아버지께 영원히 있사옵나이다. 아멘" 이라는 주님께서 가르치신 기도의 맺음말은 우리로 하여금 기도할 담력을 오직 하나님께로부터 얻고, 나라와 권세와 영광을 하나님께 돌림으로서 기도할 때에 하나님을 찬송할 것을 가르칩니다. 우리의 기도를 들어주시리라는 소원과 확신의 표시로 우리는 "아멘"이라고 합니다.

기도하기

하나님 아버지, 우리에게 죄로 인하여 마땅히 받아야 할 하나님의 진노와 저주를 피하게 하시려고 예수 그리스도를 통한 믿음을 주시고, 생명에 이르는 회개를 할 수 있는 마음을 주셔서 감사합니다. 예수 그리스도께서 우리에게 구원의 유익을 주시기 위해서 정하신 은혜의 방편인 말씀과 성례와 기도를 부지런히 사용하여, 오직 하나님만 의지하고 하나님만 바라보며 하나님만 기뻐하며 살아갈 수 있게 인도해 주시옵소서.

부 록

복습하기

● 서론

👤 **세례란 무엇인가요?**

🧑‍🦱 세례는 우리의 모든 (죄)를 예수님의 (피)로 씻고 (용서)를 받았다는 것을 보여 주는 거룩한 예식으로 (성부)와 (성자)와 (성령)의 이름으로 시행됩니다. (마 28:19, 히 9:13-14 요일 1:77, 계 1:5)

● 1주차

👤 **사람의 제일 되는 목적은 무엇입니까?** (소요리문답 1문)

🧑‍🦱 사람의 제일 되는 목적은 하나님을 (영화롭게) 하고, 하나님을 영원토록 (즐거워하는) 것입니다.

● 2주차

👤 **삼위일체 하나님이란 무슨 뜻인가요?** (소요리문답 6문)

🧑‍🦱 한 분 하나님은 (성부)와 (성자)와 (성령), 삼위로 계신다.

● 3주차

👤 죄란 무엇인가요? (소요리문답 14문)

✝ 죄는 하나님의 (율법)을 조금이라도 부족하게 지키거나 그 (법)을 어기
는 것입니다.

● 4주차

👤 하나님께서 선택하신 사람들의 구속자는 누구인가요? (소요리문답 21문)

✝ 하나님께서 선택하신 사람들의 구속자는 오직 주 (예수 그리스도)이십
니다. 그분은 하나님의 영원한 아들로서 사람이 되셨고, 한 위位에 양성兩性
을 가지신 (하나님)이시고 (사람)이셨으며, 지금도, 그리고 영원토록
그러하십니다.

● 5주차

👤 성령님은 그리스도의 구원을 어떻게 우리에게 적용하시나요? (소요리문답 30문)

✝ 성신께서는 우리를 효력 있는 (부르심)으로 부르셔서 우리 안에 (믿음)
을 일으켜 주시고 그리스도와 (연합)하게 하심으로 그리스도의 값 주고

사신 (구속)을 우리에게 적용하여 주십니다.

● 6주차

👤 십계명의 머리말은 "나는 너를 애굽 땅 종 되었던 집에서 인도하여 낸 너의 하나님 여호와로라" 하신 말씀이 가르치는 것은 무엇입니까? (소요리문답 44문)

👤 십계명의 머리말이 우리에게 가르치는 것은 하나님께서 여호와, 우리 하나님이시고, 구속자이시므로, 우리가 마땅히 그분의 모든 (계명)을 지켜야 한다는 것입니다.

● 7주차

👤 "네 부모를 공경하라."는 5계명이 명하는 것은 무엇입니까? (소요리문답 64문)

👤 제5계명이 명하는 것은 윗사람과 아랫사람, 그리고 동료와 같은, 각각의 여러 지위와 인륜人倫 관계에서 각 사람의 명예를 (존중)하고 각 사람에 대한 의무를 수행하라는 것입니다.

● 8주차

👩 **"네 이웃의 집을 탐내지 말지니라"는 10계명이 명하는 것은 무엇입니까?**
(소요리문답 80문)

🧑 제10계명이 명하는 것은 자기 자신의 처지에 온전히 (만족)하며, 우리 이웃과 그의 모든 소유에 대하여 정당하고 잘되기 바라는 (심정)을 가지라는 것입니다.

● 9주차

👩 **주님께서 가르치신 기도의 머리말이 우리에게 가르치는 것은 무엇입니까?**
(소요리문답 100문)

🧑 "하늘에 계신 우리 (아버지)"라는 기도의 머리말은, 자녀들이 (아버지)에게 나아가듯이 우리로 하여금 모든 거룩한 공경심과 확신을 가지고 도와줄 능력과 마음이 있는 하나님께 나아갈 것을 가르칩니다. 또한 우리가 (다른 사람)과 함께 기도하고 (다른 사람)을 위하여 기도할 것을 가르칩니다.

세례 서약문

1. 그대들은 자신이 하나님 앞에 마땅히 그의 진노를 받아야 할 죄인인 줄 알며, 하나님의 크신 은혜로 구원을 얻는 길 외에는 다른 소망이 없는 자인 것을 인정하십니까? (예, 아니오)

2. 그대들은 주 예수 그리스도가 하나님의 아들이심과 죄인의 구주이심을 믿으며, 복음에 말한 바와 같이 구원하실 이는 오직 예수 그리스도 한 분 뿐인 줄 알아 그를 영접하고 믿으며 그만 의지하기로 작정하십니까? (예, 아니오)

3. 그대들은 지금 성령의 은혜만을 의지하고 그리스도를 좇는 자가 되어 모든 죄를 버리고 그의 가르침과 모범을 따라 살기로 작정하십니까? (예, 아니오)

4. 그대들은 이제부터 교회의 관할과 치리에 복종하고 거룩함과 화평을 이루도록 힘쓰기를 작정하십니까? (예, 아니오)

세례 간증문 쓰기

당신은 세례 받기 전까지 어떤 삶을 살아 왔습니까?

● 예수님을 알기 전의 삶

● 예수님을 알고 나서의 삶

세례를 받은 후 새사람으로서 다짐

당신은 세례를 받은 후에 어떤 사람으로 살기를 다짐하십니까?

세례를 받은 후 새사람으로서 기도제목

세례를 받은 후 옛 사람을 버리고 새 사람으로서 살기 위한 기도제목은 무엇
입니까?